한동훈은 무엇이 다른가!

윤권우 지음

지금 시대가 원하는 새로운 정치,
새로운 인물로 부상하고 있는
한동훈을 분석한다.

디자인투데이

목차

한동훈은 무엇이 다른가?

1

왜 선장을 바꿨을까?

1. 감독 교체

한동훈 법무부 장관은 2023년 12월 21일에서 국민의 힘 비상대책위원장에 선임되었다.
왜 비상대책위원장으로 바꿨을까?

현재 국민의 힘 상황으로는 4월 총선이 어렵다고 판단했다.
그럼 누구를 선택할 것인가?

법무부 장관을 임명할 때부터 생각했던 일이지만 지금이라고 결정했다.

민주당은 검사 정권이라고 떠들고 있었고, 국힘 조차도 반대했다.

왜 한동훈 장관을 결정했을까?

첫째는 신뢰이다.
둘째는 탁월한 능력이다.

검사 시절 그만큼 일을 잘 처리했다고
사람들이 붙여준 별명이 조선제일검이다.

2. 상황

당선이 되고 나면 모든 게 끝날 줄 알았다.
전혀 그렇지 않았다. 대선 불복이라고 주장했지만 전혀 소용없다.
민주당, 언론계, 노동계, 국회, 사법부가 총망라하여 윤통에 반대를 하였다.
민주당은 당연하지만 국힘의 일부 사람들도 가세한다. 경찰공무원도 반발한다.

국정을 잘 못해서 그랬을까?

경제, 안보, 교육, 의료, 교통의 모든 분야에도 반대한다.

이태원 참사, 폭염, 홍수와 태풍도 윤통의 탓으로 돌린다.

윤통의 반대에 대하여 민주당은 건설적인 대안을 제시하지 않았다.

국정을 잘못한 것도 있었을 것이다.

어떻게 모두를 잘 못한다고 하는 것인가?

잘못한 것이 사실일까? 문제의 본질은 무엇인가?

3. 이권카르텔과 반국가세력

2023년 6월 29일 자유 총 연맹

조직적으로, 지속해서 허위 선동과 조작, 가짜뉴스와 괴담으로

자유 대한민국을 흔들고 위협하며 국가 정체성을 부정하는 세력들이

너무나 많습니다.

왜곡된 역사의식을 가진 반국가세력이 북한에 대한 제재를 풀어

달라고 읍소하고, 종전 선언을 노래 부르고 다녔다고 비판했다.

2023년 8월 15일 78회 광복회

전체주의 세력은 자유사회가 보장하는 법적 권리를 충분히 활용하여 자유사회를 교란시키고, 공격해 왔다.

이것이 전체주의 세력의 생존 방식이라며, 공산 전체주의 세력은 늘 민주주의 운동가, 인권 운동가, 진보주의 행동가로 위장하고 허위 선동과 야비하고 패륜적인 공작을 일삼아 왔다.

2024년 1월 2일 대통령 신년사

정부는 출범한 이후 일관되게 이권 카르텔, 정부 보조금 부정 사용, 특정 산업의 독과점 폐해 등 부정과 불법을 혁파해 왔다.

자기들만의 이권과 이념에 기반을 둔 부패한 패거리 카르텔을 반드시 타파하여 모든 국민이 공정한 기회를 누리도록 할 것이다.

윤통은 오로지 평검사부터 검찰총장까지 27년을 봉직한 사람이다.

범죄에 특화된 사람으로 재벌, 대통령도 수사하고 구속한 사람이다.

화해, 용서, 눈물들이 중요한 게 아니라 죄의 유무를 판단하는 사람이다.

윤재옥 당대표 권한대행 겸 원내대표는 국회 기자회견에서 "한 장관은 가장 젊고 참신한 비대위원장이 될 것"이라고 밝혔다.

"사람에 충성하지 않는다."라는 말은 정무적인 판단을 하지 않고 법과 시스템으로 결정하는 사람이다.

법과 시스템, 범죄 경험에 따라 부정, 부패, 이권카르텔, 반국가 세력이 확실히 존재한다고 믿는 사람이다.

4. 개혁은 국힘부터

민주당, 언론계, 노동계, 국회, 사법부에는 전혀 어떤 일도 할 수 없다.
국힘은 좌파의 탄핵, 입법 독재, 윤통의 능력과 인격비하에 전혀 대응하지 못하고 있다.

오히려 민주당에 동조하여 이준석, 유승민, 김종인은 윤통을 공격하고 합리적 보수라고 떠들었다.

우선 이념의 색채가 강한 통일부, 환경부, 교육부, 문체부 고위 공직자를 잘랐다.
폭력을 휘두르고 돈을 뜯어낸 '건폭(建暴)'으로 144명을 기소하고 처벌하였다.

방송계에는 방송통신위원회 위원장이 사퇴하고,

KBS 사장이 바뀌었다.

과거에는 정권이 바뀌면 기관장이 모두 그만두었다.

이제는 그만둘 때까지 고춧가루를 뿌리며 방통 위원회,

국가인권위원회 위원장을 끝까지 한다.

상대를 알고 나를 알아야 한다.

상대는 운동권, 언론, 법원, 사이비 시민단체 등의 이권카르텔이다.

그들은 공정과 상식, 옳고 틀린 것은 중요하지 않고 돈과 권력이

중요한 것이다.

상황과 전략이 중요하지만 핵심은 장수이다. 김기현 전 대표는 좋은

사람이지만 싸움을 못하는 것이다.

상대방을 나 보다도 모르는 것 같고 달리 다른 사람도 보이지 않는다.

법무부 장관을 임명할 때부터 생각했던 일이지만 지금이라고

결정했다.

지난 8일 국민의힘 한동훈 비상대책위원장이 서울 노원구 백사마을에서 열린 '따뜻한 대한민국 만들기 국민동행' 사랑의 연탄 나눔 행사에서 봉사활동을 하고 있다.

photo 연합뉴스

백면서생처럼 보이지만 장판교의 장비처럼 홀로 단기필마로 싸운다.

세상 모든 길은 처음에는 길이 아니었다.

많은 사람들이 같이 가면 길이 되는 것이다.

소통하고 협력하여 부산 엑스포의 위기를 기회로 바꾸었다.

2

무엇을 잘못했을까?
문제의 본질은 무엇인가?

매일이 찾아 오지만 그날은 특별한 날이었다.
바로 2022년 3월 10일이다.

1. 20대 대통령 선거 결과

국민의 힘 윤석열 후보가 48.56%를 득표하였고 더불어민주당 이재명 후보를 47.83%를 득표하여 247,077표 차이로 역대 대통령 선거 사상 최소 차이로 당선되었다.

실시된 여론조사들의 결과는 선거 당일 출구조사 발표 이후에, 윤석열 후보가 상당한 차이로 승리하는 것으로 조사되었다.

갤럽 李 40% 尹 46%, 리서치뷰 李 44% 尹 52%, 리얼미터 李 47% 尹 50%. 윤석열이 압도적으로 우세한다는 것이 여론조사였다.

여론조사와 달리 지상파 3사의 출구조사는 박빙이나 근소한 차이로 윤석열의 승리를 예상했다.
유일하게 JTBC 출구조사의 경우만 이재명 후보가 0.7% p 앞서는 것으로 예측했다.

2021년 4월 재보궐선거에서도 국민의 힘이 압도적으로 승리했다.
2022년 6월 지방선거에서도 국민의 힘이 압도적으로 승리했다.

2021년 재보궐 선거, 2022년 3월 대선, 6월 지방선거에도 압도적으로 승리했다.
국민의 힘이 잘해서 승리했을까?

한심하고 무능한 국민의 힘은 승리한 이유도 모른다.

2. 승리한 이유는 무엇일까?

민주당과 문 정부는 5년 동안 무엇을 했을까?
부유한 국가경제와 강한 군사력을 가지고 있었을까?
나라는 태평하고 백성은 편안했을까?

해괴한 논리로 소득주도 성장을 추진하였다.
부동산이 폭등하여 대책을 26번이나 조치했다.
경제성을 조작하여 세계 최고의 원전산업을 붕괴시켰다.

경제는 파탄 나고, 방역은 무너지고, 북한은 수시로 미사일을 발사했다.
탈북선원을 판문점에서 강제 북송했다.
서해 공무원을 자진 월북했다고 주장했다.

오거돈 부산시장은 성추행으로 사퇴했다.
박원순 서울시장은 성폭력으로 결국 사망했다.
세상에 어떻게 피해자에게 피해 호소인이라는 말을 할 수 있을까?

조국 장관의 딸, 아들의 입시 비리가 발생하였다.
추미애 장관 아들의 카츄사 휴가는 병역 비리가 발생하였다.

6조 원을 굴리던 라임펀드는 어떻게 되었을까?
1조 원의 옵티머스 사모펀드는 어떻게 되었을까?
장하원 디스커버리 사모펀드는 어떻게 되었을까?
모두 민주당 및 문 정부 인사와 관련된 3대 펀드 사건이다.

언제든지 어디든지 독불장군이 있다.
윤석열 대통령의 성공의 어머니인 추미애 장관이 나선다.
2020년 1월 당시 추미애 법무부장관이 남부지검 합수단을 돌연 해체했다.

그녀는 그 어떤 사람도 생각할 수도 없고 상상도 할 수 없는 사람이다.
돈키호테, 오직 나를 위해 태어났고, 진정한 전사의 임무와 의무
그리고 특권, 불가능한 꿈, 고귀한 이상을 추구하는 돌격대장
추미애가 있다.

누가 금융증권범죄 합수단을 해체했을까?
그녀는 원려심모 하는 스타일이 아니다. 오로지 결정하는 돌격대장이다.
단군 이래 최대의 금융부정이 발생되었는데, 아무런 이유 없이 조직을 해체하고 수사 담당 검사들을 좌천시킨 사람은 누구일까?

이창현 한국외대 법학전문대학원 교수는
"수사팀을 해체한다는 것은 상상도 못 할 일이다"
"수사팀 해체를 지시했던 윗선까지 철저하게 수사해 진실을 규명해야 한다"라고 말했다.

라임 환매 중단 직전 김상희 더불어민주당 의원이 특혜로 환매를 받았고, 민주당 기동민·이수진(비례대표) 의원은 정치 자금을 받은 혐의로 기소돼 재판받고 있다. 2022년 5월, 남부지검에 합수단이 재설치되었고, 라임, 옵티머스, 디스커버리 펀드도 재수사될 예정이다.

한일 무역 분쟁과 한일 군사정보포괄보호협정을 종료하는 게 국익에 이익이 되었을까?

공수처를 신설하고 검찰 수사권 축소를 하는 게 국민에게 도움이 되었을까?
드루킹 여론조작은 처음이었을까?

역대 정부 최악의 무능과 부정, 편 가르기, 공작정치와 선거부정이 보인다.
고의적으로 국가를 해체하려는 생각이었을까?
시중에는 그런 생각까지 돌아다녔다.

3. 복수무정

개인적으로 별로 좋아하지는 않지만 2018년 3월 이명박 전 대통령이 구속되었다.
꼭 이렇게 해야 할까? 고 노무현 전 대통령에 대한 복수였을까?

김관진 전 국방부 장관과 김기춘 전 대통령비서실장이 처벌받고 구속되었다.
박근혜 전 대통령은 저로 인한 공직자와 기업인의 관용을 부탁하였으나, 조윤선 외 140명이 처벌되었다.

양승태 전 대법원장은 누가 왜 고발했을까?
양승태 전 대법원장은 진짜 블랙리스트를 작성했을까?
만약 항소심에서 무죄가 된다면 고발인은 무고로 처벌이 될까?

4. 국기 문란

가. 청와대의 '송철호 시장 만들기' 프로젝트

월터의 상상은 현실이 된다.

송철호 전 울산시장은 부산 인권변호사 3인방으로 부울경에서 오래 동안 활약했다.
고 노무현 대통령, 전 문 통과 달리 송철호 전 울산시장은 8번이나 낙선을 했다.
오죽하면 30년 지기인 문 통이 소원이라고 말을 했을까?

울산경찰청과 청와대의 8개 부서의 비서관들이 바쁘게 움직인다.

“그건 아니옵니다” 이런 사람은 있었을까?

공정하고 정의로운 생각을 했을까?

“국민의 나라, 정의로운 대한민국”은 문 정부의 슬로건과

국정지표이다.

국가와 국민을 위하는 것이라고 생각했을까?

일신의 영달이나 입신출세를 위한 것으로 했을까?

대통령을 국가라고 생각하여 아무 생각 없이 상명하달만 했을까?

소원이 현실로 바뀌어진다.

표적수사, 경선 후보 매수, 선거 공약, 청와대의 조직적인 공작.

세상에 이런 일이!

군부정권도 이렇지 않았다.

한 번도 경험해보지 않은 국가.

특명이었을까?

알아서 했을까?

충신일까? 간신일까?

기소 및 판결

20년 1월 29일 검찰 수사팀 30여 명 전원이 선거 의혹 관련자 13인들을 기소했고, 윤석열 총장, 대검 지휘부가 동의하나,

오로지 이성윤 서울중앙 검사장만 기소에 반대했다.

사건 발생일부터 23년 11월 29일까지 3년 10개월이 걸렸다.

"최상위 권력기관을 동원해 경쟁 후보를 표적 수사하고, 상대 공약을 흠집 내고, 당내 경쟁자의 출마 포기를 종용한 것은 대한민국 선거사에서 유례를 찾기 어려운 최악의 반민주 선거였다."

(우리 법 연구회 김미경 부장판사)

송철호에게 3년형, 황운하 3년, 송병기 전 울산시 경제부시장 3년,

백원우 전 청와대 민정비서관에게는 징역 2년을 선고했다.

무혐의 처분과 재수사 결정

2021년 4월 9일, 문 정부의 서울중앙지방검찰청에서는
조국 전 법무부장관, 임종석 전 대통령비서실장, 이광철 민정비서관에
대해서 무혐의 처분을 내렸다.

2024년 1월 18일, 서울 고검은 조국, 임종석, 이광철 등에 대한
재수사를 명령했다.
문 정부의 검찰이 윤 정부의 검찰로 바뀌었던 것이다.

기록과 사실은 검찰과 법원이 같다.
다만 문 정부의 검찰과 윤 정부의 검찰은 지시한 사람이
다르다는 것이다.

조국, 임종석은 몰랐을까?
문 통은 몰랐을까?

악마를 보았다.

2019년 12월 1일 백원우의 별동대원인 검찰 수사관이 자필 메모를 남긴 채 자살하였다. 조진래 창원시장 후보자도 경찰의 수사를 받고 낙선했고, 결국 안타깝게 자살하였다.
울산 경찰청 수사 경찰들은 좌천되었다.

송인택 전 울산지방검찰청 검사장
"자기 출세와 정치적 목적을 위해 국가의 기본을 무너뜨렸다"

심재철 전 원내대표
"문재인 정부의 국정농단이고, 문재인 대통령의 연루가 드러나면 탄핵을 추진하겠다"

권경애 변호사
"명백한 대통령 탄핵 사유이고 형사처벌 사안이라고 강력히 비판했다"

진중권 전 동양대 교수
"자기들은 온갖 불법을 저지르고 다녀도, 국민들은 그것을 알아서는 안된다”

“청와대가 공천 문제에 개입하는 것은 자율과 책임의 정당정치에 대한 부정행위”

– 2015년 10월 2일 문재인 당시 새정치민주연합 대표

나. 대선 후보 프로젝트

이렇게 스포트라이트를 받아 본 사람이 있었을까?
키도 크고 훤칠하게 잘생겼다.
환경을 위해서 텀블러를 사용했다.
모두가 용이 될 필요는 없고, 가재, 개구리, 붕어로 행복하게 살 수 있다.

학생들은 열광했다.
서울대 법대 교수를 그만두고 청와대 민정수석까지는 신데렐라였다.
대선이 보였다.
워낙 후원자가 강력하고 다른 후보자도 보이지 않았다.

추락

2019년 9월 9일부터 10월 14일까지 법무부 장관은 엉망진창이 되었다.

1988년 청문회 제도이래 이렇게 비리가 많은 사람은 처음이었다.

특히 입시비리는 도저히 국민이 용납할 수 없는 역린이다.

정경심 교수의 활약(?)은 상상을 초월했다.

문통은 미련이 있었으나 어찌할 수 없는 상태가 되었다.

민주당 특히 조국의 팬덤들이 떠나기 시작했다.

공지영의 말이다.

열렬하게 옹호했던 사람이 그런 사람이 아니라는 것을 깨닫게 되었다.

미안하다, 잘못했다고 한마디만 했어도 실망하지는 않았을 것이다.

욕을 먹으면서도 내가 아무것도 모르고 떠들었구나 싶었다.

미안해 죽겠다고 진중권 교수에게 사과하고 후회했다.

공지영이 사람에 대해서 뭘 알겠는가?

더불어 시민당의 비례대표 1번 후보자인 신현영 명지병원 가정의학과 교수.
"특혜를 받는 좋은 집안사람들의 전형적인 케이스"

진보 성향의 김동진 서울중앙지법 부장판사는 문재인 대통령 하야까지 촉구했다.

2012년 당시 서울대 법학전문 조국 교수의 지원 유세이다.
"거대한 변화는 문재인과 함께 시작될 수 있습니다."
"변화가 필요하다고 생각하신다면 문재인을 찍으십시오."

문재인 대통령은 2020년 1월 신년 기자회견에서 조국 전 장관에게 '마음의 빚'을 졌다고 말했다.
아직도 마음의 빚을 못 갚은 것인가?

조국과 문통의 공통점은 말과 행동이 다르다는 것과 공사의 개념이 전혀 없다는 것이다.

특별한 특권의식과 배금주의, 몰염치와 내로남불 교수에서 직위 해제되어 강의를 하지 않았음에도 급여를 계속 받았다. 정경심은 전무후무한 영치금을 매일 확인하여 후원금으로 2년간 2.4억을 받았다.

조국·조민·정경심이 책을 출간하면서 인세와 북콘서트로 돈을 많이 벌고 있다.
조민은 37만 구독자를 보유하는 유튜버가 됐고 가족 해외여행을 다닌다.

딸과 아들은 무슨 죄가 있겠는가?
용을 만들려고 하는 부부의 욕망과 특권의식이 문제인 것이다.
조국 일가의 종합세트가 웅동학원이다. 셀프 소송, 위장 이혼, 교직원 채용 뇌물, 사채 담보 등 모든 잡범이 포함되어 있다.

아무리 법률 지식이 정통해도 이런 건 변호사에 알릴 수도 없고 의뢰를 하기도 어렵다.
누구에게도 말할 수 없으니 아무도 모르게 처리했을 것이다.

생각은 할 수 있지만 실행은 어려운 일이다.
많은 경험이 있었을 것이다.
페이스북에 죽창가를 올리면서 반일 감정과 불매운동을 부추긴다.
정작 본인은 대표적인 일본제품의 제트스트림 볼펜을 사용한다.
불매운동을 하는 것이 국익에 도움이 되는 것인가?
모든 부정과 비리에 대해서는 단 한마디도 안 한다.

검찰 독재를 막는다는 구호만 떠든다.
왜? 누구를 위해서?
강심자인가? 몰염치인가?

너무 모른다.
왜 세상을 모를까?
평생을 갑으로 살았으니 난 괜찮고 너희들은 안 된다는 것이다.

기회는 평등할 것입니다. 과정은 공정할 것입니다.
결과는 정의로울 것입니다.
현실은 불평등 불공정이다.

조국과 문통은 관념적인 수사만 구사한다. 세상을 정말 너무 모른다. 가정부도 가난하고, 운전사도 가난하고, 정원사도 가난하다는 그런 이야기이다.

조국과 민주당과 돈 받은 사람들이 하나 같이 말하는 것이 있다.
검찰 독재.
부정이 먼저 아닌가?

조국신당은 홈페이지를 오픈해 입당 신청을 받기 시작한 지
하루 만에 2만여 명이 입당 신청을 했다.
조국신당은 3월에 창당대회를 설립하였다.

상당한 후원금이 들어왔다.

5. 탄핵을 위하여

고 노 대통령의 최측근이었던 안희정 충남도지사는 '친노 폐족'이라는 말을 했다. 정권 재창출 실패에 대한 책임을 지고 후퇴하자는

얘기였다. 그것은 반성하고 자숙하란 뜻이다.

그럼에도 민주당 운동권 정치인들은 끈질기게 살아남아 진화했다.
자신들의 실패를 감추고 업적을 꾸며내면서 모든 수단과 방법을 자행한다.

사랑, 평화, 존중, 인권, 진실, 희생, 헌신 등은 쓰레기통에 버린 지 오래됐다.
조롱, 궤변, 선동, 증오, 오만, 방자, 조작, 거짓으로 대체되었다.

왜 그럴까?

정권을 바꾸려고 하는 것이다. 찬탈을 하려고 하는 것이다.
광우병에서 이미 경험을 해보았으니 후쿠시마는 더 잘할 수 있을 것이다.
이미 민주당, 언론, 여론, 문화예술, 선관위, 법원까지 장악하지 않았는가?

이제 고지를 향해서 가는 것이다.

국힘은 능력도 없고 사람도 없다.

시민들은 관심도 없을 것이다.

3

저널리즘(Journalism)

CLASSIFIED
5

왜 언론이 중요한가?

청탁금지법에도 언론인은 포함되어 있다.

행정부, 입법부, 사법부 다음으로 통상 언론을 제4부라고 불렀다.

정부, 국회, 법원과 검찰, 교육기관, 문화예술, 산업계까지 무소불위의 권력을 행사한다.

1. 저널리즘의 본질은 무엇인가?

신문, 잡지, TV, 라디오 같은 매스미디어를 통하여 공적인 사실이나 사건에 관한 정보를 보도하고 논평하는 것을 말한다.

즉 신문과 방송은 사실을 전제로 보도를 해왔다.

신문, 잡지 등은 달리 방송이 실시간으로 실제 상황을 보여줌으로써 매스미디어의 가장 중요한 매체가 되었다.

언론인에게 바이블 같은 책으로 뉴욕타임스의 워싱톤 지국장을 역임한 빌 코바치의 저널리즘의 기본 원칙이다.
책에는 다음과 같은 10가지 저널리즘의 원칙을 알려 준다.

1. 저널리즘의 첫 번째 의무는 진실에 대한 것이다.
2. 저널리즘의 최우선적인 충성 대상은 시민들이다.
3. 저널리즘의 본질은 사실 확인의 규율이다.
4. 기자는 취재하는 대상으로부터 반드시 독립을 유지해야 한다.
5. 기자는 반드시 권력에 대한 독립적인 감시자로 봉사해야 한다.
6. 저널리즘은 반드시 공공의 비판과 타협을 위한 포럼을 제공해야 한다.
7. 저널리즘은 반드시 최선을 다해 시민들이 중요한 사안들을 흥미롭게 그들의 삶과 관련 있는 일로 인식할 수 있도록 전달해야 한다.
8. 저널리즘은 뉴스를 포괄적이면서도, 비중에 맞게 다루어야 한다.
9. 기자는 그들의 개인적 양심을 실천해야 하는 의무가 있다.

10. 그들의 선택을 통해 뉴스 생산에 참여하는 시민들은 뉴스에 관해 권리를 행사할 수 있다. 그러나 그들은 책임감을 가져야 한다. 그들이 스스로 생산자와 편집자가 되는 상황에서는 더욱 그러하다.

진실과 독립이 언론의 본질이라는 점을 명시한다.

한국 기자협회와 한국인터넷 신문협회는 언론인들이 실천할 핵심을 자발적으로 "언론윤리헌장'으로 선포했다. (2021)

1. 진실을 추구한다.
2. 투명하게 보도하고 책임 있게 설명한다.
3. 인권을 존중하고 피해를 최소화한다.
4. 공정하게 보도한다.
5. 독립적으로 보도한다.
6. 갈등을 풀고 신뢰를 북돋우는 토론장을 제공한다.
7. 다양성을 존중하고 차별에 반대한다.
8. 품위 있게 행동하며 이해상충을 경계한다.
9. 디지털 기술로 저널리즘의 가능성을 확장한다.

SURFACE
Aesth
ALLA
CARTA
INDIE
Offscreen

저널리즘의 본질은 진실, 투명, 공정, 독립이다.

방송기자연합회의 강령(2008년 3월 26일 창립된 58개 방송사 기사 연합회) 요지는 다음이다.

정확하고 완전한 취재 보도
우리는 충분한 사실 확인을 거친 사안만 보도하며, 작은 내용이라도 이해 관계자의 반론을 들어 사안을 완전하게 보도하도록 노력한다.

정직하고 책임 있는 취재 보도
우리는 사실과 의견을 명확히 구분해서 보도하며, 자신의 주관적인 의견을 객관적인 사실인 것처럼 보도하지 않는다.

전 조선일보의 고 리영희 씨의 명언이다.
"목숨을 걸어서라도 지키려고 하는 것, 그것은 진실이야."
'생각하고 저항하는 이를 위하여'
'진실에 복무하다'

너무 좌편향적으로 유명한 분이지만 말은 맞는다.
비평과 비판을 언론인의 사명감으로 생각하고 있다.
그런데 누가 누구를 가르쳐야 할까?
독자와 국민이 판단하는 것이 맞지 않을까?

그 뜨거웠던 황색 저널리즘 시대에도, 뉴욕 헤럴드(NY Herald)의 랜돌프 허스트는 '뉴욕에서 가장 진실한 신문', 뉴욕 선(NY Sun)의 조셉 퓰리처는 '정확성'을 모토로 내세웠다.

아무리 떠들어도 저널리즘의 근본기능과 핵심가치는
진실과 공정이다.
진실과 공정은 저널리즘의 알파요 오메가이다.

"절대로 조작하지 말라, 존재하지 않는 것을 덧붙이지 말라,
독자·시청자를 속이지 말라, 방법·동기에 관해 투명하라.
단정하지 말고 검증하라."

2. 현실은 어떤가?

사실은 반대이다.

조작하고, 보태고, 속이고, 불투명하고, 단정한다.

2000년 이후 진보 정권이 방송을 장악한 후 저널리즘의 진실과 공정이라는 기본 원칙은 완전히 훼손되었다. 차츰 오보와 편향의 수준을 넘어 궤변과 선동, 조작으로 발전되었다.

국민과 공익을 위한 방송이 진영의 나팔수가 되었다.

TBS '뉴스공장'은 왜곡, 선동, 조작의 본보기이다.

MBC는 완전히 민주당의 기관방송이고 KBS도 마찬가지이다.

선거 때만 되면 왜곡, 선동, 조작의 극치를 이룬다.

진실과 공정성을 침해하여 편파보도를 일삼고 취재윤리를 어겼다.

저널리즘이 보고 싶은 것만 보여주고, 믿고 싶은 것만 보여주는 것이 되었다.

대표적 사례

KBS는 2020년 7월 '한동훈 전 법무부 장관과 이동재 전 채널A 기자의 검언유착 녹취록'이 날조되었다.

흔히 말하는 가짜뉴스이다.

KBS는 해당 보도가 추후 오보로 판명 나자 사과했고, 거짓 정보를 제공한 '검찰 간부'로 지목된 신성식 검사장은 불구속 재판을 받고 있다.

국영방송과 검찰 국가공무원이 합작으로 공작을 하였다.

누가 이런 공작을 했을까?

단독범행일까? 상부의 지시일까?

KBS 2021년 4월 서울시장 재·보선 당시 서울 내곡동 생태탕 가짜뉴스를 유포했다. 김어준은 이 가짜뉴스를 온 동네에 퍼뜨렸다.

MBC는 2022년 9월 윤석열 대통령 북미 순방 중에 가짜뉴스를 자막을 달아 보도했다. 외교부는 정정보도를 청구했고, 법원에서는 문화방송의 허위보도로 판정되었다.

사실은 중요하지 않다.

일단 트집을 잡고, 사실로 몰아간다.

아니면 말고. 언론의 자유로 몰아 부친다.

2008년 광우병 사태에서도 언론의 선봉에 선 것이 MBC이다.

정상적으로 수입한 소를 찍은 것인가?

이상한 곳에서 병든 소를 찍은 것인가?

광우병은 우리나라에서는 단 한 번도 발생하지 않았다.

JTBC, 2024.01.25 오보인가? 의도인가?

윤 대통령이 의정부 제일시장에서 “매출 오르게 많이 힘껏 뛰겠다” “배추 오르게 많이 힘 좀 쓰겠다” 누가 봐도 의도적 자막 조작으로 보인다.

2022.03.06 뉴스파타 – 김만배 녹취록 보도사건

뉴스타파의 녹취록 보도에는 아무 근거 없이 김만배 씨의 진술을 발표했다. 모든 방송이 쓰레기 같은 뉴스타파의 근거로 보도를 한다. 가짜가 진짜로 바뀌고, 카더라가 진짜가 된다.

윤석민(서울대 언론정보학과 교수) 나는 6년간 계속했던 뉴스타파 후원을 중단했다.

언론 전체의 신뢰를 훼손했습니다. 뉴스타파는 독선적 태도로 일관하며 권력의 언론탄압 피해자 코스프레를 하고 있습니다.

누가 누구를 위해서?
거대한 이권카르텔이 작용된다.

3. BBC 인터내셔널이나 일본의 NHK

전 이동관 방통위원장의 방송과 통신에 대한 생각이다.
가짜뉴스가 자유 민주주의 체제를 파괴한다.
대한민국에도 BBC 인터내셔널이나 일본의 NHK 국제방송 같이 국제적으로 신뢰받고 인정받는 공영방송이 있어야 한다.

가. "우리는 편들지 않는다"(We don't take a side)

BBC는 위의 단 한마디로 공정보도의 세계적 명성을 얻고 있다.
1922년 설립된 영국 BBC는 정부에 상당히 비판적이다.
영국인 96%가 BBC 라디오나 TV를 매일 청취하고 시청한다.

세계 최대의 방송사답게 세계 인구의 6%가 매일 BBC를 이용한다.
2.2만 명의 종업원으로 28개국에 방송을 하고 있다.
광고도 없고 시청률도 연연하지 않는다.

BBC가 만든 불멸의 프로그램으로 '동물의 왕국'이 있다.

온 세계 어린이들, 심지어는 어른들에게조차 야생동물에 관한
이해도를 높이는 데 지대한 공헌을 한 프로그램이다.
수년에 걸쳐 방대한 기록을 통해 만들어질 수 있는 이런 프로그램은
당장의 수익을 생각하지 않아야 만들 수 있다.

영국 정부는 세계에서 가장 오래된 공영방송이자 제일 큰 방송인
BBC를 시청료를 2027년에 폐지하겠다고 결정하였다.

왜?

방송가치보다 방송비용이 훨씬 높은 것이다.
시청자와 시청료가 감소하니 더 큰 적자가 발생한다.
93%의 시청자가 BBC가 시청료를 내고 볼 만큼의 가치가 없다고 답했다.

왜?

일은 없고 사람은 많다.
일은 없지만 연봉은 높다. 특히 출연료는 살인적이다.
각종 제작 시설과 스튜디오들의 관리비용이 많이 든다.
어디 있는지, 누가 사용하는지, 왜 샀는지 아무도 모른다.

유튜브 같은 새로운 매체가 등장하고, 넷플릭스, 디즈니, 애플, 아마존의 프로그램 제작자들이 BBC보다 뛰어나다. 공영방송은 공룡처럼 거대하고 느리다.

공룡같이 멸종을 하지 않을까?
지금 1인 미디어 시대에 이만 명이 왜 필요할까?

나. 세계 재난방송의 교과서

일본방송협회(NHK: 일본어 발음을 로마자로 표기한 "Nippon Hōsō Kyōkai"의 약자)는 일본 최대의 방송국으로 1950년 창립하였다.
공영방송으로 광고를 하지 않고 수신료는 비싸게 받는다.
일본 전국에 52개의 지역국이 있고 1만여 명의 정직원과 500여 명의 아나운서를 거느리고 있다.

쓰나미 경보가 발령되거나 지자체장의 지시에 따라 정규방송을 모두 끊고 긴급경보방송으로 전환한다. 핫라인과 연결되어 있는 컴퓨터는 특보 원고를 자동으로 작성해 주고 전국 각지에 설치된 500여 대의 무인카메라가 촬영한 지진 발생 순간이나 현장 영상을 실시간으로 보여준다. 이건 정말 필요한 방송이다.

NHK는 경영위원회가 경영과 회계를 담당한다.

제직 및 보도, 프로그램 편성에는 방송진이 담당한다.
정치적 중립성과 투명성 강화를 위해 경영과 보도의 이중 시스템을 구축했다. NHK 경영위원회를 구성할 때 교육·문화·과학·산업 등 각 분야와 전국 각 지방을 공정하게 대표할 수 있는 사람을 위원으로 선임하도록 하고 있다. 총 12명으로 구성되는데 관동지역 출신 4명, 관서지역 출신 3명, 그 밖의 각 지역 대표인사 각 1인 등 전국 각 지역을 안배하고 있다.

NHK 뉴스는 비평, 비판보다 사실보도에 중점을 둔다.
NHK는 비평, 비판보다는 정부정책의 소개와 해설을 많이 한다.
사람이 너무 많고 연봉이 많다. 시청료는 폐지하지 않고 인하를 할 예정이다.

BBC는 창사 이래 정부개입으로부터 독립하는 기본원칙을 지켜왔고, 정부 정책에 대한 비판적 시각을 갖고 비판적인 취재원을 포함시킨다.

비판을 하는 것이 좋다는 사람도 있을 것이다. 사실만 하는 것을 좋아하는 사람도 있을 것이다. 방송 성향이 다르지만 둘 다 거짓이나 공작 같은 것은 상상도 못 한다.

4. 현실은 어떠한가? – 언론 지형도

가. 방송 성향과 손익

우리나라에는 58개의 방송사, 인터넷방송신문 연합회가 300여 개 있다. 이중에는 종교방송을 제외한 대부분의 방송은 좌편향되어 있다. 특히 인터넷 방송사는 죽순처럼 쑥쑥 늘어간다.

방송업은 성장업이지만 돈을 잘 버는 것은 쉽지 않다.
제대로 한탕을 하면 몇 년간 먹고살 수 있다.

지상파 3 방송과 4개의 종합편성 방송이 있다.
MBC와 Jtbc는 완전 좌편향, KBS는 2023년 11월 사장이 바뀌었다.
SBS는 상업방송이나 중도좌파로 분류되고, MBN, TV조선, 채널A는 상업 방송으로 중도우파이다.

공영방송이라는 KBS, MBC는 적자이고, SBS와 4개의 종합편성은 흑자이다. KBS, MBC는 일은 없고 연봉은 많다.

나. 신문 성향과 손익

조선, 중앙, 동아는 중도 우파라고 말한다.
정론지라는 자부심을 가지고 있고 연봉도 상당히 높다.
신문은 사양산업이라고 하지만 지금도 이익이 나고 특히 조선은 상당히 난다.

저널리즘의 본질과 사명에 고심하고 있으며 기자들이 수준이 높다. 언론고시를 통과한 사람은 신문사에 가고 약간 떨어진 사람은 방송사에 간다. 지금도 저널리즘의 본류는 신문이라 생각하고 도덕의 자부심을 가지고 있다.

왜 고심을 할까?
남을 비판하려면 나부터 잘해야 하니까.

한겨레, 경향신문, 오마이뉴스는 좌편향 신문이다.
앞 글자를 따서 만든 이름이 한경오이지만 실제로는 범좌파 성향의 신문 전체를 포괄한다.

프레시안, 미디어오늘, 참세상, 팩트 TV, 뉴스타파, 민중의 소리, 허프포스트. 노컷뉴스 등은 듣보잡이다. 조금 규모가 큰 프레시안, 미디어오늘을 포함하여 한경오프미라 부르기도 한다.
오마이는 민주당의 기관지 성격이고 미디오 오늘은 언론노조의 자회사이다.

영어로 하면 경향신문과 한겨레는 자유(liberal), 오마이뉴스는 진보(progressive), 조중동은 보수(conservative)로 나눈다.
그래도 신문이라고 말할 수 있는 것은 한겨레, 경향이다.
하지만 기자의 자질, 기사의 내용과 정확성에 대해서는 조중동에 비교가 안된다.

한경오프오는 겨우 먹고는 살지만 다른 신문은 살기가 어렵다.

먹고살 수가 없으니 자극적, 선정적인 소재를 취급한다.

기사를 내는 게 아니라 기사를 팔려고 한다.
deal을 안 하면 먹고살 수가 없다.

삼성과 연예인은 아주 좋은 먹잇감이다. 이선균을 보라.
얼마나 힘들었을까?

다. 해외 언론

뉴욕 타임스, 워싱턴 포스트, 아사히 신문, 마이니치 신문, 르몽드,
더 가디언은 해외 좌파 성향 신문 들이다. 공정하고 정확하다.
기사 내용의 권위, 기자의 자질. 신문사의 재정도 높다.

뉴욕 타임스는 2020년 기준 퓰리처상 수상이 130회로 압도적 1위이다.
취재력이나 탐사보도 분야에서 독보적이다.
2위는 워싱턴포스트로 65회이다.

세계 2위의 발행부수를 자랑하는 아사히신문은 우리나라보다 먼저 위안부 문제를 제기하였다.
우리나라 상황을 알려면 한경오보다 아사히를 보면 된다.
참고로 세계 최대 발행부수는 우파의 요미우리이다.

한겨레, 경향도 잘할 수 있을까?
자질이 없다면 노력이라도 열심히 해야 할 텐데...

5. 왜 저널리스트는 좌편향되었는가?

가. 진영

한국 저널리즘의 본질적 위기는 정파성(진영)이다. 옳고 그른 것이 아니라 아군과 적군만 구별하는 것이다.
개인적인 자질과 능력도 떨어진다. 속칭 '기레기'가 너무 많다.
고시를 방불케 하는 신문기자의 스펙과 학식은 뛰어나지만 정체성이 우선한다.

나. 쩐의 전쟁

왜? 왜곡과 조작을 의도적으로 하려 할까?

당근이 매우 크다. 다 돈과 자리이다.

(1) 김어준의 뉴스공장

이병헌이 1회 출연료가 삼천만 원이라도 아무런 관계가 없다. 손흥민이 연봉을 300억을 받아도 아무런 관계가 없다. 구두계약, 영업 비밀 같은 것도 아무 문제없다. 방송가치가 방송비용보다 높으면 된다. 시장이 평가할 문제이다.

엄청난 적자를 보면서도 뉴스공장을 하는 것은 왜 그럴까?

지금 같은 시대에 교통방송을 하는 것이 맞을까?

젊은 방송 전문가가 하면 좋지 않을까?

교통방송의 말대로 하면 김어준의 방송가치가 연간 70억 정도라고 한다. 이게 말인가? 아니면 막걸리인가?

(2) KBS의 주진우 라이브

KBS의 보수는 MBC보다 두 배이상이다. TBS는 '아닌 밤중에 주진우입니다'.

역시 상당히 높다.

MBC는 시사프로 스트레이트 출연료 회당 600만 원 (연간 3억)이다.

순복음 교회에서는 악마 기자, 사탄 기자로 불린다.

불도그처럼 한번 꽉 잡으면 놓지 않는다.

대박!!!

잡지사의 연봉보다 30배.

2020년 말 18억 청담동 아파트현찰로 매수. 시사인이라는 조그마한 주간 잡지사에서 이렇게 신분상승을 할 수 있을까?

개천에서 용이 난다는 말은 주진우를 위한 말인 것 같다.

전북 고창 전일고등학교에서 유명한 사람으로 되었다.

본인도 상상을 못 했을 것이다.

그러니 좌파로 가야지. 블루오션인데.
"주진우, 좋겠다 좌파라서" 서민 교수

김어준, 주진우, 김제동은 전공과는 전혀 상관 없었으나 홀로 성장했다. 아무리 열심히 노력하지만 진영이 제일 중요한 것이다.
조국일가의 일은 전혀 말하지 않을 것이다.

(3) 무수한 자리
방송통신위원장, 방송통신 심의위원장, 한국방송광고 진흥공사, 언론재단, KBS, MBC, EBS

그 아래 작은 수많은 기관, 시민단체도 많다.
방송만 그럴 것이 아니라 다른 분야도 그럴 것이다.

다. 열정

기자의 혼이 없는 것이다. 의사의 히포크라테스 선서, 교사의 페스탈로치 정신이 없는 것이다. 저널리스트는 국민과 계약하고 국민의 눈과 귀를 밝혀 주는 것이다.

기자는 진실과 공정을 위하여 혼신의 힘을 다해야 하는 것이다.

현장을 찾아서, 발로

(1) 김동성 - 민영환 자택 혈죽 탐방기

미국에서 언론학을 전공한 최초의 한국인이다.

김동성이 쓴 한국 최초의 현장 탐사기사 제목이다.

소년 시절에 <황성신문>을 보고 언론인이 되려고 결심했다.

을사조약 체결 후 자결한 민영환의 집에 '붉은 대나무가 피어났다'는 소문을 들었다.

16세 때 인 1905년 직접 확인하려 개성에서
서울 현장까지 찾아갔다.

민충정공 안국동 사저 누마루 밑에서 혈죽이 생겨 누마루 천정까지 자랐다. 물을 주지 아니하여 청죽(靑竹)이 누렇게 죽었으나 대나무 형체는 변함이 없었다.

나는 기적을 목도했다. 상식과 과학으로는 도저히 해득할 수 없는 것이다. 나라를 사랑하는 민충정공의 일편단심으로 추론할 수밖에 없다. 고려 말 정몽주의 선죽교의 전설이 재현된 것으로 보였다.

대한민국 최초의 르포로 자기가 직접 본 사실을 기록하였다.

(2) '1974년 다나카 가쿠에이 연구'와 '1978년 일본공산당 연구'
일본 탐사보도의 전설인 저널리스트 다치바나 다카시가 작성한 르포르타주이다.

1974년 문예춘추에 당시 총리인 다나카 가쿠에이의 금맥과 인맥을 샅샅이 밝히고, 회사 등기부등본 등의 사실자료를 분석하여 뇌물 의혹을 밝혔다. 다나카 가쿠에이 일본 총리는 퇴진하였다.

일본공산당 연구 역시 그의 정밀 해부로 몰락하였다.
권력의 위협도 신변의 위협도 불사하고 오로지 사실을 공정하게 보도하였다.

2021년 4월 세상을 떠났지만 그의 지적 여행은 끝이 없었다.

정치, 과학, 의학, 우주, 여행, 철학 등 다방면으로 확장해 '지식의 거인'이라고 불렸다.

도쿄 분쿄(文京) 구 고이시카와(小石川)에 지상 3층, 지하 1층의 서재용 빌딩인 '고양이빌딩'을 짓고 개인 도서 10만 여권을 소장하였다.

그가 일관되게 지킨 것은 진실과 공정이었다.

(3) 저널리스트의 대오각성이 필요하다.
오로지 진실과 공정에 죽고 살아야 하는 것이다. 정파에 기웃거리고, 권력에 추종하며, 이권을 밝혀서는 절대 안 된다. 진실과 공정 앞에는 좌도 없고, 우도 없으며, 권력도, 유혹도 뿌리쳐야 한다.

이 신문이나 저 신문이나 기사가 똑같다.
이 방송이나 저 방송이나 방송도 똑같다.
현장을 가지 않고 스튜디오를 간다.

딸들은 누구인가?
경기 동부연합은 무엇인가?
아무도 잘 모른다. 그저 팬덤 정치라고만 말한다.

6. 대책

가. 장난인가? 범죄인가?

2000년 이전을 보면 음주운전(도로교통법)은 단순 과실로 생각했다.
2000년 이후부터는 확실히 범죄로 생각한다.

도로교통법에 면허 정지, 면허 취소, 아웃 제도, 가중 처발조항까지
아주 자세히 벌금과 신고보상금까지 나와 있다.
음주 운전하면 패가망신하고, 상대방의 가정도 파괴한다.

역시 2000년 이전에는 회계부정은 과실도 아니고 관행이었다.
IMF 1999년 대우사태부터는 금융사기로 생각했다.
이후 대형 회계 부정사건이 발생되니 금융감독원, 국세청,
회계사들이 중범죄로 생각한다.

상장법인은 당연하고 중견기업까지 과태료를
부과하고, 내부 신고자에게 거액을 지급한다.

내부 신고자에게는 20억까지 보상하고, 탈세 신고자도 엄청난 금액을 지급한다.

사회적 현상과 글로벌 기준이 맞는다.

법을 개정하여
고의로 명예를 훼손한 자는 100억으로 벌금에 처하고 내부 신고자에 명예 및 비방 보상금을 100억까지 지급해야 한다.
가짜뉴스(정보통신망법위반 제70조 벌칙)

그렇게 한다면 MBC의 가짜뉴스 신고자에게 포상금을 준다면 어떻게 될까? 그러면 가짜뉴스는 없어질 것이다.

나. 공직선거법을 바꿔야 한다.

여론조사기관을 정비해야 한다.
선거여론조사기관 자본금은 50억, 분석전문인력 10명 이상으로 해야 한다. 현재는 전문인력 3명, 상근인원 5명이다. 여론 조작만 할 것이다.

다. 언론인의 자정

일본의 경우 태평양전쟁 패전 직후 전쟁 당시 거짓과 선동으로 여론을 오도한 고위 언론인들을 언론계에서 영구 추방시켰다.

2차 대전에서 승리한 후 드골은 친 독일 신문은 폐간되고 언론인은 모두 숙청했다.

문 정부는 모든 분야에서 적폐청산이라는 미명하에
이 정부, 박 정부의 언론인은 모두 숙청했다.

과연 문 정부의 언론인들은 어떻게 될까?

라. 네이버는 포털인가? 언론인가?

어떤 방송사, 신문사, 통신사도 비교가 되지 않는다.
네이버의 검색 점유율과 뉴스 점유율은 압도적이다.
한국에서 가장 강한 언론과 여론기관이며 독과점 언론이다.

진실일까? 조작일까?

기술적으로도 어렵다. 누가 알겠는가?

조작과 왜곡이 교묘하고 은밀하게 이루어진다는 것이 정설이다.

미국의 구글과 페이스북(메타)도 같다.

네이버도 진실과 공정해야 한다.

7. 죄와 벌 – 이동재 기사의 책

가짜뉴스의 종합적 세트이다.

죄지은 자가 벌을 받는가, 죄 없는 사람이 벌을 받는가?

민주와 진보의 탈을 쓴 사람들이 가장 잘하는 짓은 '공작'이다. 공작과 가짜 뉴스는 확증 편향에 빠진 지지층에게는 자발적 신앙이다. 그들 공작자들은 전매특허인 "아니면 말고"를 하면서 더 대담하게, 잔인하게 반복한다.

조국 사건, 울산시장 선거 개입, 신라젠 사건, 라임 · 옵티머스

사건으로 보았을 때 그들의 목표는 한동훈 검사장과
윤석열 검찰총장의 제거이다.

그렇지 않아도 째려보던 것이 발생했다.
2020년 3월 말, MBC는 '검언 유착' 보도를 하였다.
최강욱 · 유시민 · 김어준 · 민주언론시민연합(민언련) 등이
동시다발적으로 공격하였다.

'검언 유착' 가짜 뉴스는 대한민국의 모든 기록을 새롭게 썼다.
죄목은 '강요미수'로 대한민국 건국 이래 듣도 보도 못한 혐의와
구속이었다.
평범한 30대 중반의 청년 이동재는 눈 깜짝할 새에 포털 실시간
검색어 1위에 오른다.

31년 만의 언론사 압수 수색이 채널A에 집행되었다.
추미애는 수사하지 말라며 헌정 사상 두 번째로 총장의
수사 지휘권을 빼앗았다.
법원은 보석 결정을 아무 이유 없이 넉 달을 끌더니 구속 만기 하루

전에야 허가했다.

검사가 선배 검사를 폭행했다.
좌파 권력과 어용 언론, 일부 정치 검찰의
허위 사실은 대한민국을 아수라장으로 만들었다.

사기 전과자를 내세워 보도한 MBC.
'이동재에게 누명 씌우기' 작전에 들어간 황희석.
사기 전과자를 발굴해 별칭까지 지어 준 뉴스타파.

이동재와 한동훈이 '총선 공작'을 했다는 언론 역사상 최악의 가짜 뉴스를 유포한 KBS.

조직폭력배도 이렇지 않을 것이다.
악마를 보았다.

4

운동권(민주화)

1. 70 년대

한일 협정을 반대하고 배척한다.

박 통을 독재라고 반대하고 배척한다.

박 통은 1972년 10월 17일 비상계엄령을 선포했다.

소수의 비밀결사의 형태이고 서울대 학생의 전유물이었다.

경찰에 고문을 받고 거의 군에 징집되었다.

사형까지도 선고되었다.

김지하, 김근태, 조영래, 김문수, 이철, 김부겸 등등

비조직적이고 난폭하지 않았다.
정의감을 가지고 순수하였다.

국토의 대동맥이라는 경부 고속도가 건설되었다.
포항 영일만에 포항종합제철이 설립되었다.
외국에서는 한강의 기적이라고 말했다.

야당과 일반 사람들은 반대하였다.
왜? 농업국가에서 차도 별로 없는 고속도로를 만든다니.
박 통은 10년 이상을 생각하고 공업국가를 만들려는 것이다.

잘 먹고 잘 살려면 농업국가에서 공업국가로 바꿔야 한다.
외국을 보면 잘 사는 공업국가로 가는 관문은 고속도로와 철강이다.
돈도 기술도 사람도 없다.
오로지 사명감과 신념만 가지고 있었다.
어떻게 할 것인가?

이게 유명한 산업화와 민주화의 논쟁이다.

그런데 박 통은 어떤 영감이 있었을까? 아니면 신의 계시가 있었을까?
박 통은 글로벌한 지식과 경험을 가지고 있었다.
고속도로는 독일, 철강에서는 일본을 꿰뚫고 있었다.

반면 학생과 재야단체들은 일을 해본 적이 없고 지식과 경험도 없었다.
민주라는 마음만 가지고 있었다.

박 통은 만주 육사, 일본 육사, 우리나라 육사를 통하여 시스템과 효율과 효과를 알고 있었다.
게기다 박 통은 엘리트중의 엘리트로 일을 잘하는 사람이었다.

경부고속도로는 박 통과 정주영 현대 회장의 합작품이었다.
포항종합제출은 박 통과 박태준 포철 회장의 합작품이었다.
상황이 중요한 것이 아니라 사람이 중요한 것이다.

1978년, 중국의 덩샤오핑이 신 일본제철을 방문해
중국에 포항제철 같은 제철소를 요청했다.

신 일본제철 회장은 제철소는 돈과 기술로만 하는 것이 아니라 사람이 중요하다고 설명했다.

박태준이라는 사람이 있어야만 제철소가 만들어진다는 것이다.

2. 80년대 전대협과 90년대 한총련

1980년 서울의 봄이 왔다.
1980. 05. 18 광주 사태가 발생하였다.
1981. 2. 25 체육관에서 간접선거로 전 통이 당선되었다.

시대정신은 군부독재와 미국을 반대하는 것이다.
화염병, 각목을 사용하여 폭력적이고 조직적으로 저항했다.
서울대, 연대, 고대 성대, 한양대 중심에서 학생 운동이 넓게 퍼져 있었다.

1982년 3월 부산 고신대 신학과 문부식이 부산 미문화원을 방화하였다. 1985년 5월 서울대 삼민투 위원장인 함운경 등이

서울 미문화원을 점거했다. 1989년 10월 건국대 4학년 정청래는
주한 미국 대사관에 사제 폭탄을 투척한다.
학생들의 주장은 1980년 광주사태는 미국의 책임이라는 것이다.

계속되는 학생 시위대와 전경방패부대(백골단)
1987년 1월에는 서울대 박종철이 고문으로 사망했다.
1987년 6월에는 연세대 이한열이 최루탄으로 사망했다.
1987년 6월 항쟁으로 노 통이 1987. 6. 29 선언을 발표했다.
20대의 학생은 30 대에, 80년대에 대학을 다닌 60년대생이 되었다.

그 시절에 도대체 뭐 했냐고?
그 시절에는 전혀 공부를 할 필요가 없었다.
그 시절에는 어떻게 하든 군대를 가지 않으려고 했었다.
80년대는 3저 호황으로 경제는 더 좋았다.
1988년 정부는 서울 올림픽을 개최하였다.
올림픽을 계기로 우리나라의 위상이 완전히 올라갔다.

민주화가 되었지만 앞으로 무엇을 할 것인가?

1987년부터 1993년까지 전국 대학생 총학생회 연합체로 만들었다.
더 강력한 조직력과 투쟁력을 갖추기 위해 한국대학총학생회연합을 만들었다.

단골메뉴는 주한미군 철수, 한미 군사동맹 반대, 쌀 수입 반대 투쟁이다.
호랑이 담배 피우던 그 시절로 가려고 하는 건가?
조선 시절로 가려고 하는 건가?

전대협 운동권은 새천년민주당부터 더불어 민주당까지 제도권에 진입하였다.
2016년 총선과 2017년 대선에서 승리하면서 상당수가 문재인 정부에 입각했다.

운동권은 한 번도 일을 해본 적이 없다.
돈맛을 보니 온 곳에 부패와 비리가 흘러넘쳤다.
경험을 한 것은 오로지 가짜뉴스, 궤변, 선동만 했었다.

붕어빵에는 붕어가 없었다.

인권, 자유, 평등, 공정은 없고 특권과 반칙만 있었다.

그토록 독재정권 타도를 외쳤지면, 사실은 독재를 그대로 답습하였다.

있는 것은 주사파이고 보이지 않는 것은 북한 간첩이다.

1991년 동서독 통합할 때 서독에 있는 동독의 간첩이 이십만 명이었다.

축구대표선수도 이십 년이 되니 감독으로 바뀌었다.

그런데도 운동권은 계속 20년을 하고 있다.

3. 선구자인가? 아님 배신자인가?

민주화 운동가들이 상황이나 계기에 따라 사상이나 체제를

전향하였다.

김문수, 강철서신 김영환, 함운경, 민경우, 하태경 등의 사람들이다.

하태경(서울대 물리학)은 북한의 인권 참상을 알고 전향하였다.

김영환(서울대 법과)은 주사파의 대부이고 1991년

김일성을 만났다. 북한은 주체사상은 관심도 없고, 부정과 부패 그리고 굶주림만 있을 뿐이다.

김문수는 1969년 박통의 3선 개헌에 반대하였다.
김문수는 본인, 형, 동생, 배우자까지 노조위원장을 했다.
김문수는 마르크스 레닌주의로 24년간 노동운동을 하여
1994년 전향하였다.

그는 왜 전향을 했을까?
소련의 해체와 동구권 붕괴를 보면서 실상을 보았다.
중세의 마법에 걸린 것처럼 이념과 사상은 신기루처럼 사라졌다.

한국의 운동권에는 그 현상이 안보였을까?
소득이 올라가면 성장도 올라간다고?
배반과 변절을 했다고?

시위현장에서 한 번도 못 본 조국을 운동권이라고?
개도 웃을 것이다.

지하서클에서 한 번도 못 본 최강욱이 운동권이라고?
말도 웃을 것이다.
운동권이라는 명분으로 특권과 자리와 돈을 챙기려는 것이다.

4. 30대의 청년 우파의 등장

가. 김태일 (1993.07.29 충남 아산)

신전대협 2기 의장으로 문재인 정부와 더불어민주당을 공격하고 비판한다. 대통령 직속 국가교육위원회 위원이다.
주로 공교육과 수능에 대해 다룬다.

신전대협은 전대협의 대척점을 지향한다.
386 운동권 출신들의 문재인과 민주당의 무능력과 헌정 질서를 목도했다. 2018년 12월 설립된 우파 대학생 단체로 반문 및 반민주당을 바로잡기 위해 출범했다.

입시는 공정한가?

교육 현장은 어떠한가?
디지털 시대에 교육은 어떻게 해야 하는가?

교권 구축과 교사 보호를 위한 시스템은 있는가?
왜 아동학대로 교사가 극단적인 선택을 하는가?
순직처리는 되는가?

왜 학생인권조례가 필요한가?
왜 학부모가 교사에게 무리한 요구을 하는가?
돈 까지도 요청한다. 교사가 잘못해서 그랬을까?

교장과 교감은 학부모의 대변인인가?
왜 학부모가 직접 교사에게 전화를 하는가?
교사가 생존권을 외치게 만드는 것이 참 교육인가?

2023년 8월 서울서이초등학교 교사 사망으로 공교육은 완전히 무너졌다.
전교조는 누구를 위해서, 무엇을 위해서, 어떻게 하려는 것인가?

수능은 누구를 위한 것인가? 일타를 위한 것인가?

신(新) 전대협은 문정부를 계속 고발, 비판한다.

2020.7.10 비서를 성희롱한 사람을 세금으로 서울시장(葬)으로 하는 것이 맞는가?
2020.7.11 왜 장례를 국가장에서 육군장으로, 서울 현충원에서 대전 현충원으로 바꾸었는가? 백선엽 장군을 위해 광화문광장 시민분향소를 설치하였다.

2020년 9월 대검찰청 앞에서 추미애 아들 병역 관련 추가 의혹을 제기했다.
2020년 서해 공무원 피살 사건으로 문재인 대통령을 직무유기 혐의로 고발했다. 2021년 2월 조국 전 법무부 장관의 딸 조민씨의 인턴채용을 비판하였다.
2021년 3월 민주당 박영선 서울시장 후보를 허위사실유포 혐의로 대검찰청에 고발했다.
2021년 8월 전국 대학가에 '백신과 책임을 공개 수배합니다' 대자보를 부착했다. 2021년 10월 성남시 분당구 대장지구에 영화 아수라 풍자 현수막을 게시했다. 2021년 10월 민주노총 관계자들을 집회 및 시위에 관한 법률 위반 혐의로 고발했다.
2022년 4월 청와대 앞 분수대에서 '문재인정부 대국민반성' 기자회견을 진행했다.

여전히 제 마음속에는 세상을 바꾸고 싶고
사회 제도에서 낙오된 이들을 한 명이라도 도와주고 싶고
낙오된 무너진 분들에게도 길이 있다는 것을 알려주고 싶었습니다.

나. 박은식 (1984년, 전남 광주시에서 태어난 의사)

'상식과 정의를 찾는 호남대안포럼' 공동대표로 2023년 국민의힘 비상대책위원회 위원으로 임명되었다.

호남이 언제까지 민주화의 고장이어야 하는가?
광주정신은 공산주의나 주사파 사상 외에 아무것도 없다.
광주폭동을 민주화 운동으로 포장하여 민주화 성지로 만들고

민주화 유공자법까지 만들어 국민의 세금을 빨아먹고 있다.

호남을 위한 제안

첫째, 먼저 재경 학숙을 팔아 호남에 사는 청년을 위해 씁시다.

은평구와 동작구의 남도학숙, 서초구의 전북장학숙 3곳을 팝시다.

왜 서울에 사는 호남 청년을 위해 돈을 씁니까?

서울에 사는 호남인들이 호남을 위해서 돈을 쓸까요?

어차피 상경한 청년은 대부분 고향으로 돌아오지 않습니다.

차라리 다른 지역, 타국에서 호남에 정착한 사람들에게 쓰는 것이 맞지 않을까요?

둘째로, 세금 낭비하는 사업들을 호남이 솔선수범해서 정리합시다.

불과 1.5km 떨어진 군산 공항도 텅 비어 있으니 새만금 공항 건립부터 취소합시다. 매년 800억 적자가 나는 무안 공항과 200억 적자가 나는 광주 공항 둘 중 하나는 정리해야 합니다.

적자에 허덕이는 한전 공대를 짓는 게 맞습니까?

전남대나 광주과학기술원을 통폐합 합시다.

셋째, 기업을 우대합시다.
대기업의 농업 진출을 반대하면서 새만금 LG스마트팜 프로젝트를 무산시키고 대기업이 소상공인의 유통업에 침범한다며 복합 쇼핑몰 입점도 거부하고 있습니다.
광주보다 작은 도시도 있는데 왜 광주에는 코스트코, 이케아, 스타필드가 없을까요?

광주·군산형 일자리처럼 국민 세금이 들어가는 사업에만 혈안 합니다.
입주하려는 기업을 우대하고 무리한 기부 채납을 요구하지 않아야 합니다.
투자와 고용을 통해 지역의 자생적 성장 역량을 갖게 해주는 것은 결국 기업입니다.
심지어 전 전북 교육감 김승환은 전북 지역의 학생들을 삼성에 취직시키지 말라는 지시까지 했습니다.

넷째, 반(反) 대한민국 세력과 역사적 상징 인물을 단호히 배격합시다.

김성수와 송진우 같은 호남의 사람들이 자유민주주의 대한민국을 건국했습니다.
내란 선동으로 해산된 통합진보당의 후신 정치인을 뽑아주고, 중국 인민해방군 군가와 북한 인민군 군가를 작곡한 정율성의 이름을 길을 만들고 동상을 세워서야 되겠습니까?

다섯째, 호남에 '민주화의 성지'라는 단어를 그만 붙입시다.
민주화의 가치를 부정하는 것이 아니라 '성지'라는 단어는 호남인에게 성역화를 강요합니다. 마치 신성불가침인 폐쇄적 종교 집단처럼 민주라는 가치를 독점하고 독재를 하는 것입니다.
다른 의견을 말하고 실정을 비판했다간 이단으로 됩니다.
국민의 힘에도 광주를 위해 투쟁했던 민주화 사람들이 많은데 5·18 묘역 참배도 못 하고 쫓겨납니다.

이래도 민주화의 성지라고 할 수 있을까요?

마지막으로 호남인이 진정 원하는 정책을 추진해야 합니다.
농사하시는 분들 영산강 보 해체를 할까요? 반대할까요?

목포 출신 공무원이 북한군에게 불태워 죽었을 때 아무 말 못 하는 대북 정책에 동의할까요?

이걸 바꾸려면 민주당에 대한 무조건적 지지를 거둬야 합니다.
박정희의 고향 구미에서 민주당 시장이 나온 것처럼,
김대중의 고향 신안에서도 국민의힘 군수가 나와야 합니다.
호남과 대한민국의 발전을 위해 이제 좀 바꿔봅시다.

"광주가 조국" 이라니?
중앙일보 2022.03.17 "나는 고발한다."

나는 광주광역시에서 태어나 5·18과 지역 차별이라는 아픈 기억을 대대로 가지고 있는 30대 의사다. 많은 광주시민이 그러하듯 김대중·노무현 전 대통령을 존경하며 민주당을 당연하게 지지했다.
서울 소재 의과대학 진학 후 자유민주주의와 시장경제로 생각이 완전히 바뀌었다.

드루킹 여론조작을 알면서 정권 정통성에 의구심이 생겼다.

절반의 국민을 적폐로 모는 모습에 실망하기도 했다.

'광주가 조국이다'라는 플래카드를 보며 분노했다.
'내로남불의 상징' 조국이 어떻게 내 고향 광주를 상징할 수 있는가?

도대체 광주정신이 뭘까?
민주당이 무슨 잘못을 하든 민주당만 찍어주는 게 광주 정신일까?
자유를 추구하고, 민주주의를 추구하고, 시장경제를 추구하는 것이 광주 정신 아닐까?

5. 문화예술

가. 문학

- 김지하
우리나라 현대에서 사상과 문학에 이렇게 울림을 준 사람이 있었을까? 1964년 한·일 회담 반대 투쟁과 '민족적 민주주의 장례식'의 조사를 썼다.

70년 사상계에 국회의원·장차관 등을 비판한 유명한
담시 '오적(五賊)'을 발표하였다.

해학인가? 풍자인가?
판소리인가? 만담인가?
어떻게 우리 글을 오묘하고 신통하게 쓸 수 있을까?
재벌, 국회의원, 고급공무원, 장성, 장차관 오적(五賊)을 칭한다.

74년 민청학련 사건과 75년 인혁당 사건의 조작을 폭로하였다.
75년 창비에서 출간한 저항시집 『타는 목마름으로』을 발표하였다.
학교 서점에서 리어카에 싣고 학교에 들어가 이틀 만에 2만 권이
팔렸다.

"죽음의 굿판을 걷어치워라" '91년 5월'

젊은 벗들! 환상을 갖고 누굴 선동하려 하나?
지금 곧 죽음의 찬미를 중지하라. 그리고 그 굿판을 당장 걷어치워라.

90년부터는 생명사상에 깊은 관심을 갖고,

율려와 후천개벽 같은 민족사상을 가지고 있다.

2012 대선에 박근혜 후보를 지지하여 진보문학 진영으로부터

변절자 소리를 듣기도 했다.

그는 진영에 사로잡지 않는 자유로운 영혼이었다.

지하(芝河)는 지하(地下)에서 따온 필명으로 그는 전설이었다.

- 조정래

태백산맥, 아리랑, 한강, 정글만리 등 천오백만 부 이상을 판매한

베스트셀러 작가이다.

좌파 문학가의 거봉이다.

사상과 행동은 전혀 다른 것 같다.

극적인 표현 때문인지 구라가 너무 세다.

- 황석영

1985년에는 5.18 민주화운동의 진실을 담은 기록물《죽음을 넘어 시대

의 어둠을 넘어》를 출판하였다.

<넘어 넘어>로 불리던 이 책은 학생운동권과 민주화 운동가들의 필독서이다.

북한 민중 상황에는 모른 체 하지만 북한 정관에는 친화적이다.

나. 음악

-김민기

언더그라운드 음악의 제왕이다.

아침이슬, 작은 연못, 상록수. 너무 아름다운 우리말 노래이다.

아침이슬은 아침이슬이다.

시위 시작하고 끝나면 모두가 같이 불렀다.

1994년에는 공연예술단체인 학전을 창설하여 수많은 가수와 배우를 배출하였다.

뛰어난 음악성과 창의성에도 불구하고 상업적인 성공은 하지 못했다.

어떤 정파성은 보이지 않지만 노동운동 성향이다.

70년대에는 거의 김지하와 김민기는 함께 있었다.

김지하의 문자에 갇혀 있지 않고 살아 있는 말의 생동성을
제대로 배웠다.

나이가 들면 변화하는 것이다.
생명사상과 문화예술이 성향이 바뀌는 것이다.

다. 영화

안내상, 우현, 박철민, 권해효, 이문식, 봉준호 등은 운동 경력을
가지고 있다.

봉준호는 최고의 실력과 겸손과 따뜻한 인품을 가지고 있다.
완벽주의적인 성향으로 자신에게 혹독하고 남에게 관대하다.
이런 게 진짜 진보의 미덕이 아닐까?
진보와 보수라는 이분법을 바꿔야 한다.

1990년대가 되면서 패션 운동권이 생겼다.
운동권과 전혀 없는 사람들이 돈과 자리를 노리고 온다.

5

선거의 투명에 대하여

그래도 지구는 돈다. 과학이다. 통계학에서 표본은 모집단의 특성을 가지고 있다. 과학이다. 그러므로 선거에서 사전투표는 본투표의 특성을 가지고 있으며 정규분포를 이루고 있어야 한다.

1. 2000년 4월 15일 20대 총선 – 통계의 왜곡인가? 마술인가?

가. 본투표와 달리 사전투표

본투표와 달리 사전투표에서는 정규분포를 이루고 있지 않다.

수도권 통합당은 사전투표와 본투표 차이는 -11%가 되었고.

수도권 민주당은 사전투표와 본투표 차이는 +12%가 되었다.

결론적으로 사전투표의 민주당은 63%, 통합당은 36%이다.
결론적으로 통합당은 본투표에서 승리하였다가 사전투표에서 패배하였다. 그것도 격전지에서, 40곳에서 영으로 되었다.

그런데 왜 사전투표의 개표를 밤에 하는가?

20대 총선에서 수도권 1,100개 이상 동네에서 모든 지역 사전투표와 본투표 차이가 33% 발생하는 확률은 100억 년 동안 1초마다 1,000개씩 동전 던져서 매 번 한 면만 나올 확률이다.

나. 음모론이 너무 많다.

투표용지의 색이 다르다.
빳빳하거나 규격과 다르다.
좌측과 우측 여백의 길이가 현저하게 차이가 난다.
파주시을 진동면 인구수 159명보다 투표자수가 201명이 많다.

민주당, 통합당 후보가 관외사전투표와 관내사전투표에서 똑같다

수십 개의 사례가 있다.

2. 제7회 서울 지방선거 - 2018년 6월

서울시장 박원순은 25개 구청장에서 모두 승리했다.
박원순과 김문수의 사전투표자 수는 완전히 이상하게 되어있다.
박원순은 정규분포에서 40% 이상 플러스, 김문수는 40% 정도 미이너스이다.

기초자치단체 25개 곳에서 당시 자유한국당인 조은희만 당선되었다.
강남구청, 송파구청도 패배했다.

자질과 능력이 모자랐을까?
당시 상황이 어려웠을까?

당선된 20개 구청장은 호남출신이다.

3. 2022년 3월 대선 부천시 선거관리위원회

왜 보관된 관외 사전투표 우편물이 사무국장실에 있는가?

왜 보관된 사전투표 우편물을 CCTV 촬영을 하지 않는가?

관외 사전투표 우편물 5만여 부를 방치하는가? .

사전투표지를 보관할 곳이 없었다고?

CCTV 촬영을 실수로 안했다고?.

선거관리규정은 알고나 있을까?

혹시 잘 몰랐을까?

혹시 의도한 것일까?

전국에서는 얼마나 이런 일이 있었을까?

공직선거법 제176조

사전·거소투표, 선상투표에서 접수한 우편물은

시·군선거관리위원회의 정당추천위원의 참여하에 즉시

우편투표함에 투입하고 보관해야 한다.

우편투표함과 사전 투표함은 개인정보 보호법에 따라 영상정보처리 기기가 설치된 장소에 보관해야 하고, 해당 영상정보는 선거일 후 6개월까지 보관해야 한다.

4. 대만의 선거

2024년 1월 13일 치러진 대만 총통 선거의 독특한 개표 방식으로 투표지 한 장, 한 장 직접 공개하였다. 다른 말이 필요 없고, 깔끔하게 투명하다.

투표함에서 투표지 한 장을 꺼내서 눈으로 확인하고, 큰 소리로 말하고, 동시에 투표지를 머리 위로 올린다.
선거관리원은 칠판에 붙은 종이에 투표 결과를 바를 정(正) 자로 적는다.
그리고 누구나 이 과정을 보고, 촬영할 수 있다.
대만은 투표소가 곧 개표소다.

3자 대결로 치르게 된 대만 총통 선거
라이칭더
(64·민진당)
부총통
독립 지향
허우유이
(66·국민당)
신베이 시장
대중 관계 중시
*24일 두 후보간 단일화 최종 결렬
커원저
(64·민중당)
전 타이베이 시장
중립
자료: 대만민의기금회 여론조사
(단위: %)
50
40
30
20
10
36.5
43.4
29.1
26.6
20.4
13.6
라이칭더 29.7
커원저 25.6
허우유이 21.1
2023.6
7
8
9
10월

출처 : 한겨레

투표 종료 후 투표함을 옮기지 않고 바로 해당 투표소에서
개표 작업을 진행한다.

대만은 인건비가 싸고 할 일들이 없어서 수투표를 할까?
우리나라는 어떻게 할까?

선거와 관련하여 모든 것이 투명하지 않다.
CCTV는 하는 것인가?
안 하는 것인가?
사진 촬영을 금하는 것인가?

배춧잎 투표지가 나왔다,
투표함이 바꿔치기 됐다.
사전투표가 조작됐다,

이게 말이 되는가?
선관위는 누구를 위하는 것인가?

5. 도대체 왜 선관위가 선거여론조사를 하는가?

이게 말이 되는가?

오로지 선거의 투표와 개표만 해야 한다.

선거뿐인가?

정책공약, 정치관계법, 선거여론조사 등 모든 일을 한다.

유명한 파킨슨의 법칙이라고 있다.

공무원 수가 업무량과 무관하게 증가한다.

조직의 비대화와 관료주의의 비효율성에 관한 것이다.

가. 부하배증의 법칙

관리자들은 자신의 중요성을 부각하기 위해 부하 직원을 늘리려는 경향이 있다. 관리자의 권력과 영향력을 증대시키고 있다.

나. 업무배증의 법칙

새로운 직원이 추가됨에 따라, 업무의 복잡성과 양이 증가한다. 이는 불필요한 회의, 보고서, 그리고 의사결정 과정의 지연을 초래하며, 결국 조직의 전반적인 효율성을 저하시킨다.

진짜 웃기는 일이야?
고용을 창출하려고 하는가?

6. 대법원의 결정

2020년 4월 15일 제21대 국회의원 선거와 관련해 제기된 소송은 총 126건이다.
총선에서 이렇게 선거소송을 많이 한 적이 있었는가?
내 기억에는 이런 적이 없다.

왜 이렇게 소송을 많이 했을까?
2016년 이전에는 별로 없었다.

2023년 8월 31일에 대법원이 126건으로 종결했다.
모두 기각 내지 각하되었다.

왜?

QR코드에는 선거인 개인정보가 없었다.
투표지 위조·교체 주장에 대해서 이유가 없다.
투표지 분류기 전산 조작 등에도 객관적인 근거가 없다.
재검표와 감정 등 증거조사를 거쳐 부정선거에 대해 객관적인 증거가 없다.

재검표와 증거조사는 실제 했는가?
왜 사진을 못 찍게 하는가?

선관위는 부정선거에 대한 설명자료를 홈페이지와 유튜브 채널에 게시했다.
선관위는 부정선거는 없다는 결론이다.

정말 그럴까?

공직선거법에는 180일 안에 판결을 하라고 되어있다.
3년 반에 걸쳐 판결을 했다.
일이 바빠서, 시간이 없어서 3년 반에 걸렸다.

7. 더 카르텔

cafe.daum.net

국민이 봐야 할 다큐멘터리
왜(歪) : 더 카르텔(내레이션 : 윤주상)
2023. 10. 23일 국회도서관 지하 1층 대강당

"한국언론은 왜 부정선거에 침묵하나"

국회에서 천여 명이 참석하여 다큐멘터리가 방송하였다.
선관위, 정부의 공식적인 발표는 없었다.

과연 부정선거가 있었는가? 없었는가?

만약 부정선거가 있었다면 누가 누구를 위해 무엇을 했을까?

6

법원

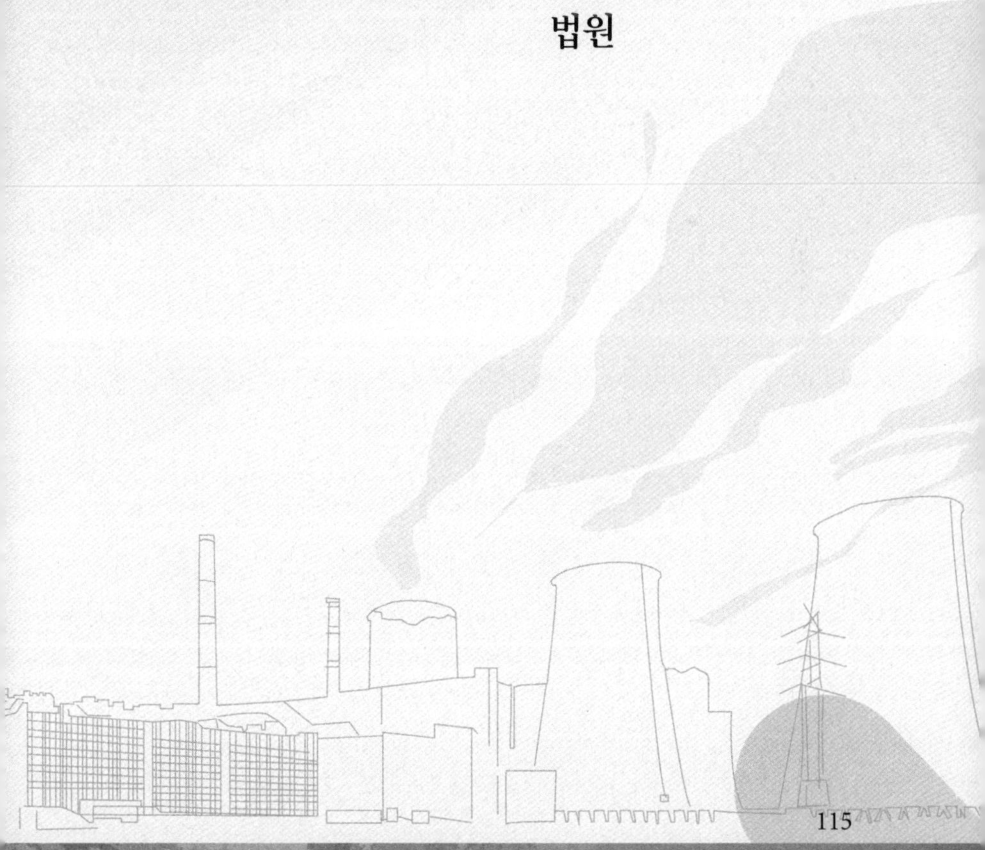

'법은 좌우가 없다'

'판사는 판결로만 말한다'

1. 우리법 연구회와 국제인권법연구회

가. 1987. 6. 29 - 모든 것이 바뀌었다

행정부만 바뀌는 것이 아니라 사법부도 민주화의 물결을 탔다.

처음 4명이 시작하더니 서울·수원·부산·인천 지역 소장판사

430여 명이 '법원 독립과 사법부 민주화'를 요구하는 서명에 참여했다.

강금실 판사 등 4명의 소장판사가 1988년 10월 9일 첫 법이론 세미나를 가졌다.
1년 뒤 4명의 모임은 우리법 연구회란 이름을 걸고 단체로 출범하였다.
비공식 모임으로 매월 한 차례 세미나를 갖고 토론하였다.

1995년부터는 판사로만 제한하고 서울대 법대 출신이 아닌 판사들도 가입했다. 모임이 외연에 확장되어 1993년에는 25명,
1998년에는 90여 명으로 늘었다.
참여정부 시절 전체 회원은 약 140여 명까지 되었다.

상당수가 참여정부 시절 요직에 발탁되었다.

이용훈 전 대법원장은 국회 청문회.
"법원에 이런 단체가 있어서는 안 된다"
"부장판사급 이상은 모두 탈퇴했으면 좋겠다".

하나회와 무엇이 다른가?
국제인권법연구회는 2011년 발족한 대한민국 법원 내 학술 단체이다.

활동 회원만 480여 명으로 법원 내 사실상 최대 규모이다.
초대 회장인 김명수 춘천지방법원장이
2017년 8월 문재인 대통령에 의해 대법원장으로 지명되었다.

김 대법원장의 말이다.
사조직이라고 볼 수 없다.
법관이 학술 연구 등을 목적으로 단체 활동을 하는 것을 적극 장려해야 한다.

그럴까?
등산에 가려는 걸까? 영화를 하려고 갈까?

2. 민사판례연구회

민법의 대가인 곽윤직 서울대 법대 교수의 제자 10여 명이 1977년에 만들었다.
초창기부터 임용 성적이 좋은 소수에게만 가입을 권유했다.
처음에는 회원이 서울대 법대 출신이었다.

2010년부터는 신입 회원 자격도 비서울대·여성 등으로 넓혔다.
이명박-박근혜 정부 시절 민사판례연구회는 법원 주요 요직을 대부분 차지했다.
양승태 전 대법원장, 이용훈 전 대법원장, 조희대 대법원장이 민사판례연구회 출신이다.

70년대까지는 사법시험의 80% 정도가 서울대 법대 출신이었다.
80년부터 사법시험이 300명으로 증원되어 비서울대 출신이 많아졌다. 2004년 사법시험이 천명이 되자 먹고사는 게 쉽지 않았다.
2009년 로스쿨이 되자 변호사 이천 명 시대가 되었다.

3. 민주사회를 위한 변호사 모임 – 민변

1988년 5월 창립되었다.
노동자, 운동권의 변호를 맡았던 변호사들의 모임이었다.
2002년에는 노무현, 2017년에는 문재인을 대통령으로 배출하였다.

2019년에는 천명이 넘어갔다.

총 15개의 위원회와 8개의 지부가 있다.
보수로서는 유일하게 오세훈 서울특별시장이 민변 출신이다.

법무부가 임명한 과장급 이상 개방직 간부 12명 중 절반(6명)이 민변 출신이다. 특히, 문재인 정부 때 임명된 법무부 인권국장은 모두 민변 출신이다. 황희석, 이상갑, 위은진

백명도 아니고 천명이라니???
Amazing~!!!
법무부와 대한변호사 협회보다도 큰 것 같다.

사회적 약자를 위해서?
사법부 독립성을 위해서?
아프리카 소년의 기아와 중동의 난민을 위해서?

민변은 약자인가? 강자인가?

공권력을 무조건 무시한다.

재벌을 비난하면서도 막상 재벌로부터 엄청난 후원금을 받는다.
비정규직에 대해선 무관심하면서 대기업 귀족노조의 이익에는 꼭 끼어든다.

국가의 부당한 공권력이 있는가?
의뢰인과 공모하여 땅 투기와 위장 전입을 하는 것은 아닐까?
"현행범으로 체포한다."라고 불법 시위를 단속하던 경찰을 경찰서로 끌고 간다.

무소불위의 조직이 되었을까?
철옹성일까? 모래성일까?

4. 사법농단 의혹

이탄희 판사가 블랙리스트라는 의혹을 제기하였다. 블랙리스트는 특정 판사들의 성향을 파악한 명단이라는 주장이었다.
2017년 4월 대법원 진상조사위를 조사하였으나 블랙리스트는 없다고 발표하였다.

6월 전국법관 대표자회의를 개최하여 '사법부 블랙리스트' 의혹과 사법행정권 남용 사건을 양승태 대법원장에게 조사를 위임하였다.

2017년 8월 21일. 문통은 대법원장 후보로 김명수 춘천지방법원장을 지명하였다.
인사청문회를 통과한 김명수 대법원장은 블랙리스트에 추가 조사하겠다고 말했다.
그는 대법원의 현황과 문제점을 알고는 있었을까?

김명수는 대법원은 2차 자체 조사를 하여 특별조사단을 구성하였다.
판사들의 성향을 분석한 문건은 있었지만, 이들에게 불이익을 준 것은 없었다고 대국민 사과를 발표했다. "사법부를 대표해 진심으로 사과드립니다"

대법원은 또 3차 조사를 하였다.
명단을 작성했다는 것이 문제라고 지적했다.
다만, 재판에 관여하지 않았기에 형사상 조치를 취하지 않았다.

또 다시 누군가의 지시를 받은 것처럼 김명수는 2018년 6월 서울중앙지검검찰에 사건을 의뢰하였고, 당시 지검장은 윤석열, 수사팀장은 3차장 검사였던 한동훈이었다.

2018년 9월 문통은 사법부 70주년 기념식에 참석해 수사 협조를 당부하였다.
김명수는 "수사에 적극 협조하겠다"라고 문재인 대통령에 전달하였다. 행정부의 법무장관처럼 지시를 받은 것 같다.

사법부 수장이 최초로 구속되는 일이 생겼다.
한편 민주당은 국정조사와 법관 탄핵을 추진하였다.
임성근 전 판사는 재판 개입 의혹으로 헌정사상 최초로 법관 탄핵이 소추되었다.

이탄희 국회의원은 인사카드를 왜 블랙리스트로 생각했을까?
김명수는 내용도 잘 모르는데 왜 대국민사과를 했을까?
세 번이나 진상조사를 했는데 뭘 했을까?

2018년 12월 7일 서울 서초동 대법원에서 열린 전국법원장회의에 김명수 대법원장이 회의장으로 들어서고 있는 중.

사진출처 : 한겨레

누구의 생각이었을까?
당시의 국민의힘 발표이다.

"문재인 정부, 김명수 대법원장의 사법부 장악을 위한 과정이었다고 보고 있다."

결론은 양 전 대법원장에게 무죄를 선고했다.
함께 기소된 박 전 대법관과 고 전 대법관도 무죄를 선고받았다.

송철호, 조국, 황운하는 2심까지도 구속이 되지 않았다.
그런데 왜 양승태 전 대법원장은 구속이 되었을까?

역사의 수레바퀴는 돈다.
적폐청산도 다시 돌아갈 것이다.

5. 김명수 전 대법원장

가. 2017년 8월 22일 BMW 대법원 방문

춘천시에서 고속버스를 이용해 서초역까지 지하철로 이동하여 대법원 청사에 도착했다.
이렇게까지 할 필요가 있을까?
평소의 습관이었을까?

나. 2017년 9월 26일, 대법원 취임식

좌와 우, 진보와 보수의 이분법적 사고와 진영을 앞세운 흑백논리는 안된다. 법관의 독립을 온몸으로 막아내고, 사법부의 독립을 확고히 하는 것이다. 대법원장의 훌륭한 말씀이었다.

다. 기울어진 운동장과 법치주의 훼손

대법관 14명 중 7명이 우리법 연구회 혹은 인권법연구회 혹은 민변 출신이다.
헌법재판관 9명 중 4명이 국제인권법연구회와 우리법 연구회 출신이다.

법원의 중요한 자리는 모두 차지하고 있다.

영장판사도 마찬가지이다.
순환배치도 맘대로 한다.

처음 우리법 연구회 사람은 개혁하려는 마음이 있었다.
하나회는 사조직이지만 육사의 엘리트 군인으로 자질과 능력이 있었다.
인권법 연구회는 명예도 자부심도 없고 자질과 능력이 없으며 자리만 탐한다.

"법관은 헌법과 법률에 의하여 그 양심에 따라 독립하여 재판한다"
헌법 제103조이다.

이들에게 양심은 있을까?
정말 진보의 수치이다.

라. 대법원장 공관 리모델링 예산 15억

손자들을 위한 놀이터까지!
참 부끄럽다.

마. 임성근 전 부장판사 거짓 해명과 녹취록

오죽하면 부장판사가 대법원장에게 녹취를 하겠는가?
헌정사상 초유의 일선 법관에 대한 탄핵이 이뤄졌다.

왜 탄핵을 했을까?
문 정부와 민주당의 오만과 독선이다.
바람잡이 일까?
야바위 꾼일까? 누구의 아이디어일까?

죽는 날까지 하늘을 우러러
한 점 부끄럼 없기를
잎새에 이는 바람에도

왜 문 전 대통령은 뜬금없이 김명수 전 대법원장을 지명했을까?

소장 판사니까?

진보 판사니까?

실력이 뛰어나서?

7

무엇이 다른가? 한동훈

1. 사람

가. 이준석 개혁신당 대표

청년 현상이 있었다.

모두가 환호했다. 박 전 대통령도 이준석의 청년 정치는 실종했다.

현상은 있었지만 콘텐츠가 없었던 것이다.

인요한 전 국민의힘 혁신위원장의 말.

젊은 친구가 굉장히 똑똑하고 말도 잘한다.

제일 좋지 않은 것은 모든 게 부정적이라는 것이다.

준석이는 도덕이 없다. 부모가 잘못 키웠다.

세 살 버릇이 여든까지 간다.

보수정치의 본질은 품격이지 말발이 아닙니다.

이준석의 말발은 최고 아닙니까?

조정훈 국민의 힘.

한 번도 일을 해본 적이 없다.

할 수는 있지만 어려울 것이다.

한 번도 경험을 못해본 사람이 무슨 정책을 할 수 있을까?

성접대, 의도적인 노인 폄하, 이대녀, 너무 말이 많다.

사람은 쉽사리 변하지 않는다.

이강인 축구 선수가 변할까?

이준석이 민주당 강서구청 선거에서 17%로 승리하는 것을 어떻게 알았을까?

여론조사, 개인적인 능력, 무당의 신통력이었을까?

이준석은 국민의 힘에게는 마치 불구대천처럼 공격한다.

이준석은 단 한 번도 민주당에는 공격을 하지 않는다.

민주당은 단 한 번도 이준석에게 공격을 하지 않는다.

왜 그럴까?

국민의 힘 대표 경선은 본인 생각이었을까?

멘토가 권해서 했을까?

혹시 외세가 있었을까?

나. 김종인 개혁신당

언론에서 해결사 혹은 킹메이커라고 말한다. 정당을 너무 바뀌어서 정체성을 알 수 없다. 경제민주화라는 말을 자주 한다.

다른 사람들은 무슨 말인지도 모른다.

새누리당 비대위원장 시절의 제19대 국회의원 선거와 제18대 대통령 선거에서 이겼다.

민주당 비대위위원장 시절의 제20대 국회의원 선거와 제19대 대통령 선거에서 이겼다.

박근혜, 문재인과는 대통령 당선 이후 의견이 맞지 않아 탈당했다.
회고록에서 김종인은 두 사람을 신랄하게 비판했다.
두 사람 모두 김종인 씨를 아주 싫어한다.

보후자에게 전권을 위임받아서 새누리당, 민주당 시절에 비대위, 선대위를 꽉 잡았다.
이해찬과 정청래를 직권으로 공천 탈락시켰다.
얼마나 부글부글 끓었을까?

김종인 씨의 경험, 능력이 탁월해서 그랬을까?
박근혜, 문재인은 선장으로 사장이다.
이미 상황은 항구에 도착하고 있다.
그때까지 관리를 잘해주면 되는데 몽니를 한다.
항구에 도착하면 끝나는 것을.

한동훈 국민의힘 비상대책위원장이 4일 서울 여의도 국민의힘 중앙당사에서 열린 김영주 국회부의장 국민의힘 입당식에서 김 부의장과 기념촬영 하고 있다.

공동취재사진

상황을 능력으로 알고 있다.

이제는 제발 집에 가세요. 전여옥 씨 말

다. 홍준표 대구시장

대구시장은 그렇게 할 일이 없나?

이재명 대표의 헬기에 대해서 방송을 하고 있다.

우파든, 좌파는 지방자치단체장에서 부산의 헬기에 대해서 말하는 사람이 없다.

늘 혁신을 말하며

늘 당을 걱정하면서

끊임없이 중앙 정치에 관심을 갖고 있다.

왜 그럴까?

한번 도전을 할 수 있지 않을까?

그런 생각은 했었지만 나이가 된 것이다.

상황도 그렇고 판단도 옛날부터 못하니 새순이 나오면 새로운 살이 나온다는 생각을 한다. 요즈음은 대구에 대한 관심이 많은 것을 보니 다른 생각을 안 하는 것 같다.

라. 이낙연 전 총리

물에 물 탄 듯 술에 술 탄 듯 평생을 말이나 행동이 분명하지 않는 분이다. 오죽하면 박지원도 이낙연 전 총리의 우유부단함을 폄하하고 민주당 초선의원들은 연판장을 돌리는 희한한 일까지 생겼을까?

그런 분이 탈당을 한다고. 왜?

이재명 대표가 구속이 된다면 민주당은 누가 이끌까?
가는 길이 뻔히 보이는데 민주당 사람들은 안보일까?
선거법을 패소한다면 대선 보전비용 434억은 어떻게 될까?

집단 최면에 빠졌나?
어떻게 되든 될 수 있을 거야? 그런 생각인가?

오로지 이재명 대표가 판단하고 결정하니, 민주당은 어떻게 될까?

민주당은 난파선처럼 가면서 부딪쳐서 깨어지는 물거품만 남길 것이다.
이낙연 전 총리도 보일 것이다. 창당을 할 수밖에 없는 것이다.

마. 이재명 - 이단아인가? 풍운아인가?

'우리들의 일그러진 영웅'에서 나오는 엄석대 처럼 보인다.
한번 받게 되면 반드시 배로 갚아 준다.
특권과 이익을 챙긴다.

운동권 경력도 없다.
지연도 없고 학연도 없다.
그저 민변과 참여연대한 경력 밖에 없다.

거기다가 얼마나 많은 사건이 있는가?
형수 욕설, 여자 배우, 법인 카드 횡령, 공직 선거, 검사 사칭 등

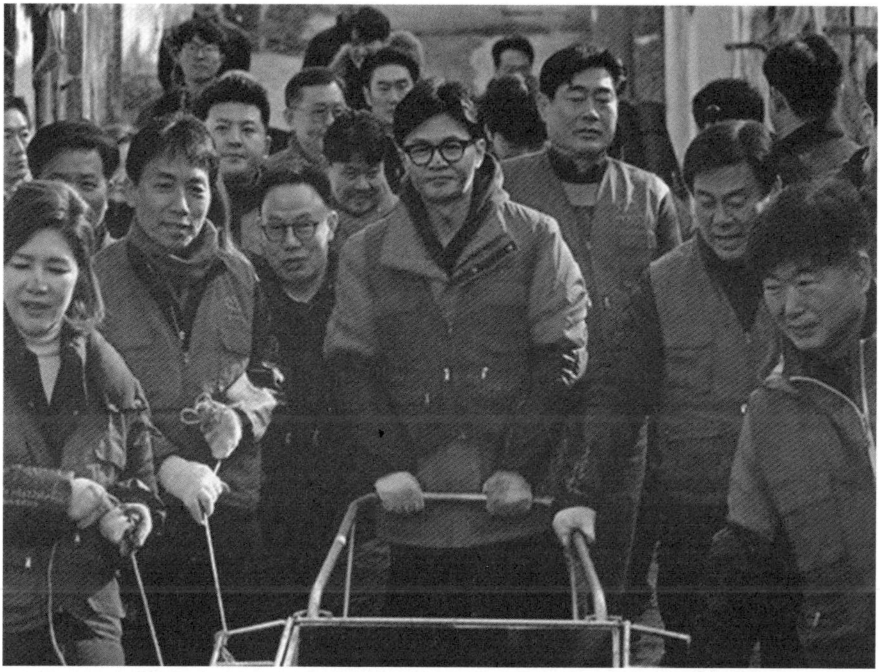

국민의힘 한동훈 비상대책위원장이 서울 노원구 백사마을에서 열린 '따뜻한 대한민국만들기 국민동행' 사랑의 연탄 나눔 행사에서 봉사활동을 하고 있다.

사진 : 연합뉴스

이재명은 2021년 민주당 대통령 경선에서 어떻게 승리했을까?
운동권 대부 이해찬의 지원으로 승리했을까?
인품이나 능력으로 승리했을까?

공천 평가와 무슨 관계가 있나?
사천이면 어떤가? 내가 하겠다는데.
재명 당으로 가는 것이다. 절이 싫으면 중이 떠나는 것이다.

아직도 미련이 있는가?
아직도 모르는가? 설마 설마 하면서
붙잡아도 매달려도 보았는데 소용없는 것이다..

지금까지 이런 적은 없었다.
당직자이든 공관장이든 한마디도 못한다.
이런 당대표를 본 적이 있는가? 대단한 능력이다.

혹세무민 하는 사이비교주처럼 욕망이라는 이름의 전차는
갈 때까지 간다.

2. 왜 사람이 중요한가?

가. 김영삼 전 대통령

1988년 2월 노태우 전 대통령이 당선되었다.
하지만 아무것도 할 수 없다. 노통은 당시 제1야당인 평화민주당과 합당을 제의했지만 DJ는 거부했다. 반면 YS는 김종필과 찬성하여 평민당을 제외한 세 당끼리의 합당이 되었다.

김영삼은 왜 찬성했을까?
어차피 다음 선거는 김대중과 김영삼의 싸움이었다.
상황은 불리하다.
민정당 125, 평민당 70, 통민당 59, 신민주 공화당 35이다.

DJ는 공천권, 동교동계 입각, 정치적 처벌을 할 수 있는 권한까지 약속했다. YS 측근들도 다 반대했다.
최형우는 울다가 혼절까지 하였다. YS는 측근을 설득하여 결정한다.
그리하여 한 지붕 세 가족이 탄생했다.

노통은 YS는 정치 보복이 있을 거라는 생각을 하였지만 어쩔 수 없었다.
3당 합당에 동의하지 않는 박찬종, 이기택, 홍사덕 김정길, 노무현 등은 떠났다.

"호랑이를 잡으려면 호랑이 굴에 들어가야 한다."
그렇게 해서 김영삼 전 대통령은 대통령이 된다.
상황이 중요한 것이 아니라 사람이 중요한 것이다.

1997년에는 DJP로 김대중 대통령과 김종필 총리가 집권하였다.
1992년에는 틀린 것이고 1997년은 맞은 것인가?

나. 안철수의 새정치

2012년 대선을 휩쓸었던 것은 안철수의 새정치였다.
사람들은 구태의연한 보수와 진보에 식상하였다.
어눌하지만 말과 행동에 진성성이 보였다.

사람은 허상이지만 새정치라는 갈망은 실상이었다.
정치 현상에 개인의 능력을 발휘하였다면 새정치가 되었을 것이다.
보수와 진보를 아울러서 양쪽의 중도에서 통합을 하였다면 세상은 어떻게 되었을까?

다. 노무현 전 대통령

2002년 2월 새천년민주당 대통령 경선은 7명으로 국민경선제를 하였다. 이인제 후보는 권노갑의 지원을 받고 대세론을 타고 있었다.
노무현 후보는 새천년 민주당에서도 아주 비주류였다.

결과는 노무현 후보가 압도적으로 승리했다.
왜, 어떻게 승리를 했을까?
선장 마음이 바뀐 것이다.

최대의 반전
김대중 정부는 친인척 비리 및 측근비리로 지방선거에 참패하였다.
DJ는 두 아들의 비리사건으로 대 국민 사과를 하였다.

노무현 후보는 거의 회생불능처럼 보였다.

우리나라는 2002년은 6월에서 월드컵에 4강에 올랐다.
정몽준 축협 회장은 창당을 하고 대선 후보에 올라갔다.
월드컵이라는 현상이 모든 것을 휩쓸어 버렸다.

2002년 5월 오마이뉴스와 설훈 의원이 이회창 후보의 병역비리를 보도했다.
KBS, MBC, 한겨레신문, 경향신문 등이 연일 주요 뉴스로 보도했다.
1997년에 이어 두 번째 병역비리 사건이다.

2002. 11. 25 노무현 후보와 정몽준 후보가 단일화하였다.
1997년 DJ와 JP의 연합에 걸쳐 정체성이 완전히 다른 정당이 될 것이다.
다음 날 정몽준은 노무현 후보의 지지를 철회하였지만
이미 상황은 종료되었다.

이렇게까지 해도 이회창 후보의 벽은 너무 컸었다.

2002년 이전에는 상상도 할 수 없었던 정책을 제시한다.

군 복무의 6개월을 단축하고 행정수도를 건설하는 공약을 발표한다.

마지막 건곤일척이다.

이회창 후보는 계속 달렸지만 마지막 한 바퀴에 졌다.

얼마나 후회와 회한이 많았을까?

좌파의 선동과 궤변, 뿌리 깊은 가짜뉴스.

이회창은 출신지역에서 패배를 하는 최초의 후보가 되었다.

다른 지역에서는 팽팽하였으나 충청이 기울어진 것이다.

2002년의 선거는 충청이 결정을 한 것이다.

상황이 중요한 것이 아니라 사람이 중요한 것이다.

도대체 이회창 후보와 신한국당 사람은 무엇을 했을까?

우리는 점잖고 합리적 보수이니까 시장 잡배처럼 싸우면 안 되는 것이라고 생각했을까?

그런데 YS는 왜 이회창을 싫어했을까?

3. 무엇이 다른가?

맹자는 천시는 지리만 못하고, 지리는 인화만 못하다고 했다.
사람이 최고로 중요한 것이다.
7년 여의 전쟁에 걸쳐 23전 23승 한 충무공은 어떻게 이겼을까?
약한 자가 강한 자를 이기려면 어떻게 해야 할까?
얼마나 치밀하고 철저하게 연습하고 훈련해야 할까?
"죽고자 하면 살고, 살고자 하면 죽는다" (必死卽生 必生卽死)

의전 및 출장
법무부장관마다 제작해왔던 장관 업적집을 제작하지 않기로 하였다.
직원을 시키지 않고 본인 직접 차를 열고 닫는다.
내부 보고 문서에서 '님' 호칭을 쓰지 않는다.

2022년 6월 미국 출장에서 비즈니스석을 이용했다.
아무도 몰랐는데 국정감사 시 야당이 공격하다가 알려졌다.
전임 박범계 법무부 장관은 당연히 일등석 항공편을 이용했다.
UN 본부와 미국 법무부, 미국 연방수사국(FBI) 등을 방문하였다.

교정

최고의 문제점인 교정직 공무원 보수 및 후생복지에 37%를 증액했다.

법무연수원 진천본원에서 7급 교정공무원 임용식에 참석해 계급장을 수여했다. 법무부 장관이 교정공무원 임용식에 참석한 것은 진천본원 개원 이래 처음이다.

2023. 03. 27.

법무연수원 진천 본원에서 교정공무원들을 상대로 강의를 진행했다.

법무부 장관이 교정공무원 교육과정에서 강의한 것은 최초이다.

2023. 04. 19

"6·25 전쟁 당시 167명의 선배 교정 공직자들께서 전사, 불법 처형 등으로 순직하셨다. 2023.06.05 서울남부교정시설에 '순직 교도관 충혼탑'을 건립하고 제막식을 개최했다.

론스타에 대한 취소 신청 및 취소 건

이게 언제 적인가? 자그마치 2012년 10월이다.

이전 법무부 장관들은 관심도 없고 잘 모른다.

론스타에서는 이상한 놈이라고 생각할 것이다.
너무 늦었지만 그래도 6.5억을 줄였다.

검수완박 및 범죄수사
헌법재판소 선고는 위헌, 위법이지만 유효하다.
왜 말이 되는가?
왜 검찰이 범죄수사를 하면 안 되는가?

누군가에게 사과를 받은 게 처음이라 - 김진주
부산 돌려차기 사건의 피해자가 출간한 책을 직접 쓴 추천사를 보냈다. "많이 부족하고 죄송하다" 직접 통화해서 사과했고 제도 개선을 약속했다.
"아무도 책임지려고 하지 않았고, 아무도 잘못했다고 미안하다고 말하지 않았다"
"누군가에게 사과를 받은 게 처음이라 너무 놀랍고 감사해 전화를 끊자마자 펑펑 울었다."

피해자 지원 제도의 한계와 수사 및 재판, 재판 후 단계에서 필요한

점을 정리한 문건을 보냈고, 법무부 산하에 '범죄피해자 지원제도 개선 태스크포스(TF)'를 꾸렸다.
피해자의 재판 참여권 확대는 이미 정책 현장에 반영됐다.

국가 배상금
인민혁명당(인혁당) 사건 피해자에 대하여 초과 지급된 배상금 원금만 납부하면 지연 이자 납부는 면제하기로 결정했다. 국가배상금은 6억, 먼저 받은 돈의 이자가 15억이다.

문 정부 내내 결정하지 않았다.
제주 4.3 사건과 관련해 군법회의뿐 아니라 일반재판을 통해 형을 선고받은 수형인에 대해서도 직권 재심 청구를 확대하여, 첫 직권재심을 청구한 사건에 대해 무죄를 선고했다.

제주 4·3평화재단, 제주 4·3연구소, 제주 4·3기념사업위원회 등 4·3 관련 기관·단체 등 진영 상관없이 민주당 송재호 국회의원과 오영훈 제주도지사도 환영하였다.

경찰의 고문으로 살인 누명을 쓰고 억울한 옥살이를 한 낙동강변 살인사건 피해자들이 낸 국가배상 청구와 관련해 신속한 피해 회복을 위해 항소를 포기하였다.

장준하 선생의 유족에게 국가가 배상하라는 판결에 상고하지 않았다. 9년 이상 진행된 소송으로 유족의 고통, 신속한 피해 회복의 중요성까지 고려하였다.
문 정부는 무엇을 했을까?

이춘재 연쇄살인 8차 사건의 범인으로 몰려 20년간 억울한 옥살이를 한 윤 모씨에 대한 국가배상 판결에 정부가 항소하지 않았다.

"국가의 명백한 잘못으로 돌이킬 수 없는 피해를 준 사건인 만큼 국가의 과오를 소상히 알리고 신속한 배상이 이루어질 수 있도록 해야 한다.
오랫동안 고통을 겪은 피해자와 그 가족들께 법무행정의 책임자로서 국가를 대신해 진심으로 깊이 사과드린다"

2023년 1월 31일

세월호 참사 희생자 유족들이 국가를 상대로 낸 손해배상 소송에서 국가의 책임을 인정한 2심 판결에 대해 상고하지 않았다.
빨리 피해 회복을 확정하는 게 맞다.
국민 피해 회복의 문제는 보수-진보의 문제가 아니다.

'중곡동 살인사건'의 유족들이 제기한 국가배상소송에서 대법원의 파기환송 취지에 따라 재상고를 포기하기로 결정했다.

"이번 재상고 포기 결정은 재판 과정에서 밝혀진 국가의 잘못을 인정하고, 10년 이상 계속된 소송으로 고통받은 유족들의 피해를 신속히 회복하기 위한 것이다.

병역 미필 남성에게 지급할 국가배상액을 계산할 때 군복무 기간은 제외됐는데, 군복무 기간을 취업 가능 기간에 전부 포함하겠다는 것이다.

"병역의무를 이행하는 건 상을 받아야 할 일이지 벌을 받아야 할 일은 아니지 않느냐.
이건 국가가 병역의무자를 대하는 태도의 문제"라고 말했다.
안인득사건에 대해 피해자 유가족들에 대한 국가의 배상 책임을 인정한 판결에 대해 신속한 피해회복을 위해 항소를 포기하였다.

"신속히 소송을 종결해 피해자 유가족들이 범죄 피해를 조금이나마 회복할 수 있도록 항소 포기 결정한다. 대한민국을 대표해 유가족에게 깊은 사과와 위로의 말씀을 드린다"라고 했다.

전두환 정부 시절 '프락치 강요' 사건 피해자에 대해 항소 포기하면서 사과했다.
"대한민국을 대표해 피해자분들께 사과와 위로의 말씀을 드리며 앞으로도 국민의 억울한 피해가 있으면 진영 논리와 무관하게 적극적으로 바로 잡겠다"

이민청 설립
출입국 이민 정책은 인구·노동·치안·인권 문제, 국가 간 상호주의 원칙 등을 고려한 국가 대계 차원에서 원칙을 세워 체계적으로 추진하자는 것이다.

이민·출입국 정책의 주된 방향은 숙련 기능 인력과 첨단 과학 인재를 유치해 국가 발전에 자발적으로 기여하게 하는 것이다.
그 과정에서 불법체류를 철저히 막을 것이다.

법무부가 제주도에도 전자여행 허가제를 도입하였다.
법무부가 컨트롤타워 설치 등 국가 백년대계로서의 국경·이주관리정책을 정비하려는 것의 기본 전제는 입국과 체류질서를 확립하여 정책의 예측 가능성을 높이는 것이므로, 적법한 입국은 절차를 최대한 간소화, 조직적 불법 입국 시도는 단호하게 차단한다.

2023년 3월 6일, 오랜 기간 다양한 이민·이주 정책을 경험한 프랑스, 네델란드, 독일 국가들과 관련 정보·정책을 교환하고, 긴밀한 협력체계를 갖추기 위해 출장하였다.

2023년 3월 이민관리청을 신설하기 위해 유럽 출장에서도 비즈니스석을 이용했다.

2023. 12. 21 법무부 장관 이임식

서민과 약자의 편에 서고 싶었다. 그리고 이 나라의 미래를 대비하고 싶었다.

잘하고 싶었고 동료 시민들의 삶이 조금이나마 나아지게 하고 싶었다.

가장 젊고 참신한 비대위원장이다.

용기와 헌신으로 국민의 힘을 이기는 정당으로 이끌어가겠다.

막연한 자신감보다 동료 시민과 나라를 위해서 잘할 것이다.

국민의 힘의 정책은 곧 실천이지만 민주당 정책은 약속일뿐이다.

당사 경비·미화 노동자와 오찬(빨간 간색 점퍼 선물)

당사 경비·시설·청소 노동자 10명, 장동혁 사무총장, 당 총무과 직원 등 10여 명과 참석자들에게 겨울용 패딩과 빨간색 국민의 힘 점퍼를 지급했다.

"여기서 고생하시는 분들, 여사님들을 모시고 간단히 식사한 것"이라고 말했다. 민주당은 물론 정의당 등도 이런 일을 하지는 않을 것이다. 말만 시민, 민중을 위하라고 한다.

내일 한동훈 광주 방문에 野 "5·18 영령에 석고대죄하라"

사진 : 디지털타임즈

사랑의 연탄 나눔 행사

과거에는 관례적으로 여러 사람들에게 설 선물을 보냈다.

하고 싶었던 일인데 설 선물 대신 '국민동행' 사랑의 연탄 나눔 행사로 노원구 백사마을에서 열린 '따뜻한 대한민국 만들기 봉사활동을 한 것이다.

"일부러 묻힌 것 아니냐"

잘하라는 생각은 하지 않고 그냥 지적하기만 한다.

한동훈 위원장이 파란색 넥타이를 맨 이유는?
서울 여의도 국민의 힘 중앙당사에선 김영주 국회부의장의
입당식이 열렸다.
한 위원장은 정장에 푸른색 계열의 넥타이를 맨 차림으로 등장했다.
'센스 있다' '상대방을 배려한다' '화합의 정치를 한다'.

이재명으로부터 "모멸감을 느낀다"며 탈당을 선언했다.
"정치인은 국가의 발전, 국민 삶의 질 향상을 위해 일을 해야 되고
개인의 사리사욕을 위한 도구로 쓰여선 안 된다".
김 부의장과 한 위원장은 같은 생각이다.

4. 미래를 위해서

민주당은 어디로 가는가?

내로남불, 도덕적 위선, 포퓰리즘.

탄핵 공세와 입법 독재.

가짜뉴스와 막말,

반칙과 특권.

부정과 부패.

좌파인가? 진보인가?

사회적 약자인가? 강자인가?

자유, 평화, 인권은 어디에 있는가?

열등감과 물신 숭배.

일을 해본 적도 없다.

일을 잘하려는 생각이 없다.

오로지 말만 하고 물신만 숭배한다.

선동과 궤변만 있고 미래는 안 보인다.

시민운동가라고? 국가에 돈을 달라는 것이다.

40년전에 있었던 민주, 반미를 주장하고 범죄자만 끓고 있다.

지금 민주당의 청년 정치인은 어디 있는가?
말 한마디도 못한다.
오로지 충성만 맹세한다.

금수저로 태어나 엘리트 코스로 소년 급제했다.
일 잘하고, 정의롭게 하니 반칙과 특권을 할 필요가 없다.
사회적 약자에 배려하고, 겸손하니 돈과 권력은 필요가 없다.
네 번의 좌천을 하면 그만 두라는 뜻이었을 것이다.

그런데 왜? 계속했을까?
소신을 갖고 있던 것이다.
어디까지 갈지는 모르지만 하고 싶은 일이 있는 것이다.

삼성전자가 어렵다고 한다.
미국, 일본, 대만에 밀리고 있다.
삼성전자가 없다면 대한민국은 어떻게 될까?

경제는 어떻게 될까요?

인구는 어떻게 될까요?

환경은 어떻게 될까요?

국가와 국민을 위한 일이 있을 것이다.

청산과 통합을 통하여

이념과 지역과 세대를

어둠을 지나 미래로 가자.

노력하는 자는 즐기는 자를 이길 수 없다

한동훈 국민의힘 비상대책위원장이 설 명절 연휴를 나흘 앞둔 지난 5일 서울 동대문구 청량리 청과물시장·경동시장을 방문해 일정 마무리 중 시민들과 인사를 나누며 즉석에서 상품을 구매하고 있다.

출처 : 민중의소리

한동훈, 조국혁신당 겨냥 "비례대표 유죄 확정 시 승계 금지 추진"

사진 : 국민의힘

호남 찾은 한동훈 "도태우 공천 취소, 5·18 정신 존중 선명히 드러나"

사진 : 광주 연합뉴스

지난 2022년 9월 8일. 기자들 앞에서 본인의 다짐을 이야기 하는 과정에서 말 그대로 '돌직구'를 날리는 장면

출처 : 티스토리

한동훈은 무엇이 다른가!

초 판 : 2024. 03. 25
지은이 : 윤권우
교 열 : 김화순
발행인 : 고미자
펴낸곳 : 디자인투데이(www.designtoday.kr)
가 격 : 12,000원
연락처 : 02)2269-7451~3
주 소 : 서울시 중구 충무로7길 6 양지빌딩 501호
ISBN : 979-11-976943-3-2